Realizzazione editoriale a cura di EDITO Ag. ed. (VR)
Disegni: Pietro Cattaneo, Marco Stegani
Fotografie: Arc-en-Ciel (VR), Archivio Demetra, V. De Maria, I. Perna, V. Rozza
Impaginazione: Elena Dal Maso

Testi rielaborati da Piante grasse, riconoscimento, coltivazione, composizioni
di C. Bruneri Fusi, Demetra Srl.

Per la disponibilità e l'assistenza nella realizzazione delle immagini, un particolare ringraziamento al garden:

Flover®
Il Mondo dei Fiori

Via Pastrengo, 16 - Bussolengo (VR)
tel. 045/6759511 - fax 045/6701782

www.giunti.it

ISBN 88-440-2649-X

prima edizione: marzo 1998

Ristampa	Anno
7 6 5 4 3	2006 2005 2004 2003

Stampato presso Giunti Industrie Grafiche S.p.A. – Stabilimento di Prato

PIANTE GRASSE

Riconoscimento e coltivazione

DEMETRA

GENERALITÀ

I LUOGHI D'ORIGINE

Pur se in generale corrisponde al vero che le piante grasse sono originarie delle zone desertiche, bisogna ricordare che molte di esse crescono in territori con i climi più disparati e addirittura ne sono ricchissime le foreste tropicali, dove la siccità è una condizione pressoché sconosciuta. Sarebbe più corretto quindi sostenere che questi vegetali hanno una grandissima capacità di adattamento e – nonostante la loro origine sia dell'area occidentale centro-sudamericana e sudafricana –, ormai si sono adattate in ogni parte del mondo.
È anche curioso verificare come nei deserti africani vi siano invece poche specie grasse: come mai? È la prova che nelle zone del pianeta dove esistono periodi di siccità lunghissimi neppure le piante grasse riescono a sopravvivere.
Nel deserto del Sahara e nelle aree desertiche dell'Arabia si possono trovare *Aloe*, *Euforbiaceae* e *Stapelia*, ma piuttosto rare rispetto alla vastità dei territori. Nell'area mediterranea troviamo delle *Opuntia*, peraltro molto comuni anche nel continente australiano dove costituiscono un vero problema per i contadini.
E così, un po' in tutto il mondo si sviluppano piante grasse delle specie più varie, che solo da pochi anni iniziano a essere conosciute e commercializzate. La loro resistenza è proprio uno dei motivi che hanno spinto i coltivatori prima e gli appassionati poi ad apprezzarle e – assieme alle doti di grande adattabilità agli ambienti – con il passare del tempo sono state valorizzate anche per la loro bellezza e per le straordinarie fioriture. Torniamo però ancora all'**habitat**.

▶ Sono estremamente interessanti alcune specie dell'America centrale e del Messico che, per adattarsi e cercare la luce nel fitto delle foreste, crescono e si sviluppano su altri alberi. Le *Epiphyllum*, oppure le *Hylocereus* o, ancora, le *Rhipsalis* sono appunto alcuni fra i soggetti che hanno saputo sopravvivere nelle grandi e umide foreste centroamericane. Sono piante dette epifite, ovvero capaci di crescere sopra altre piante, non come parassite ma solo per servirsene come supporto adatto a raggiungere la luce e cercare al di fuori dell'ammasso della vegetazione la ventilazione necessaria alla loro vita. La principale carat-

teristica distintiva di questi vegetali è che non sono mai molto carnosi, non dovendo sopportare periodi di grande siccità, e sono privi di spine.

Alcune delle più comuni forme di piante grasse.

▶ Altre specie di piante grasse di notevoli dimensioni le troviamo nelle isole Canarie o nel Madagascar, dove le *Euphorbia* la fanno da regine; invece nell'area dell'Oceania non compaiono stranamente grandi varietà di vegetali grassi.

▶ In Europa, soprattutto nell'area mediterranea, abbiamo parecchie specie di *Sedum* e *Sempervivum* che si diffondono un po' ovunque: nei terreni umidi della pianura, nelle fessure rocciose delle montagne o sulle pareti argillose distribuite in quasi tutti i territori delle zone alpine. Nelle aree paludose – come per esempio le valli del Comacchio, dove vi è abbondanza d'acqua salmastra – si possono osservare delle *Salicornia*, riconoscibili dai rametti carnosi e caratteristicamente articolati. Queste piante hanno nella loro struttura vegetale una soluzione che risulta ancora più salata dell'acqua stessa del terreno.

▶ Vediamo infine i soggetti del genere più maestosi. Chissà quante volte vi sarà capitato di osservare al cinema o attraverso le illustrazioni i giganteschi saguari (*Cereus giganteus*), che a volte sono così ravvicinati e fitti fra loro da formare aree impenetrabili. I territori dell'America settentrionale (Arizona, California e Messico) costituiscono gli ambienti ideali alla moltiplicazione di queste specie che sono fra le più resistenti, tanto da poter vivere sopportando nel loro fusto vere e proprie gallerie provocate da animali in cerca di rifugio.

▶ Sempre fra i vegetali grassi molti botanici annoverano uno degli alberi più grandi che popolano la terra: il baobab (*Adansonia digitata*). È una pianta africana, dal fusto breve, ricco di succo e particolarmente tenero, che pare avere le radici al posto della chioma, rivolte verso il cielo e ispiratrici di moltissime leggende del continente nero.

LA CLASSIFICAZIONE DELLE PIANTE

Molto spesso quando si parla di piante grasse non si ha la dimensione esatta di questo sterminato mondo vegetale ed erroneamente si pensa quasi unicamente al cactus. In realtà questa molteplicità di vegetali comprende almeno una cinquantina di famiglie che raggruppano qualche centinaio di specie. È doveroso quindi fare un po' d'ordine e cercare di capire quali sono le sottili differenziazioni che permettono di classificarle e riconoscerle.
Vediamo innanzitutto il perché dei loro nomi scientifici, latini e spesso molto complessi, che rendono quasi impossibile l'identificazione della pianta al lettore che non ne conosca la dicitura accademica. Pur senza entrare in approfondimenti particolari, ci sembra importante spiegare i motivi che hanno determinato la attuale classificazione delle piante, il perché dei nomi latini e il perché questa stessa nomenclatura sia binomia. Proviamo solo a pensare alla sterminata vastità di vegetali presenti sulla faccia della terra e a quanti fra loro si assomigliano. Da queste considerazioni si arriva a capire quale importanza ha avuto e ha l'opera di classificazione delle specie.
Il tutto lo si deve allo studio e alle ricerche di un botanico svedese: Carl Von Linné, meglio conosciuto con il nome di Linneo. Egli nacque nel 1707 e per più di cinquant'anni si dedicò alla classificazione botanica. Cosa fece? Introdusse il **binomio**, cioè quelle due parole in latino che identificano ogni pianta. Scelse la lingua latina per due ovvie ragioni: primo perché veniva già impiegata dalla scienza e inoltre perché era in un certo qual modo una lingua conosciuta in tutto il mondo occidentale. Nell'antichità le piante venivano chiamate con nomi comuni, ma con il progredire della conoscenza si rese necessario ordinare l'infinita quantità di soggetti che andavano scoprendosi.

Ecco allora l'importanza dell'opera di Linneo che, in modo uniforme, raggruppò il genere (con la prima parola latina) e la specie (con la seconda). Anche oggi, quegli scienziati che scoprono nuove piante devono attenersi alla regola del binomio unitamente a una diagnosi, cioè a una descrizione completa delle parti e delle caratteristiche del vegetale fatta in latino.
Da qui ebbe origine una "moderna" classificazione, non solo riguardante le piante grasse ma tutto il mondo vegetale e fino ai giorni nostri non è praticamente cambiato nulla.
Con tutto questo non si può dire che non vi sia stata e vi sia un po' di confusione: capita che una stessa pianta abbia nomi differenti. E dunque andava risolto un ulteriore problema d'ordine, che fu pianificato con l'introduzione della legge di priorità.
In che cosa consiste? Le piante devono mantenere il nome che hanno avuto per primo, cioè mantengono il nome più vecchio, con l'assoluta modalità che non venga cambiato da nessuno, neppure se sbagliato, a meno che non si tratti ovviamente di un errore di trascrizione o di stampa. Un altro chiarimento molto superficiale riguarda il nome di persona abbreviato o intero che segue quello del vegetale e che noi, nella nostra trattazione, trascureremo proprio per non generare confusione.
Si tratta del nome proprio del botanico che per primo ha identificato la specie. Per esempio, *Mammillaria haworth*: dove Haworth è il nome del ricercatore inglese che nel 1812 classificò come *Mammillaria* tutte quelle cactacee che presentavano piccole o grandi protuberanze simili a "mammelle".

Per concludere possiamo dire che le piante grasse sono forse gli unici vegetali che popolano tutti i vari continenti e che, pur appartenendo allo stesso grande insieme, hanno generato forme e metodi di sopravvivenza fra i più interessanti dell'intero mondo vegetale.

Piante grasse o succulente?

Nel linguaggio comune si usa definire "piante grasse" praticamente tutti i vegetali carnosi e rigonfi nel fusto o nelle foglie. Sarebbe più corretto definire tutte le piante grasse delle succulente, dato che la loro caratteristica è quella di essere "gonfie" e dunque ricche di "succo".
Solitamente il rigonfiamento del vegetale è a carico delle parti aeree, cioè del fusto e delle foglie. Possiamo allora dire che parleremo di piante a fusto grasso, come i classici cactus, e di piante a foglie grasse, tra le quali vi sono le crassulacee.
Però vedremo che pur facendo tale distinzione ci troveremo di fronte a molte differenze di forma. Per fare un esempio schematico possiamo citare le *Echeveria*, che pur essendo succulente a foglie carnose presentano anche foglie appiattite. Potremo inoltre esaminare piante con fusto rigonfio di tipo globoso, cilindrico, scanalato, appiattito, e così via.
Comunque, fondamentalmente la caratteristica più comune fra le piante grasse rimane l'ingrossamento a carico del fusto o delle foglie.

Caratteristiche principali

Questi vegetali rappresentano davvero un mondo a parte: per le caratteristiche, per la resistenza, per il comportamento vegetativo, per le fioriture e altre molteplici e differenziate particolarità
Cerchiamo allora di vedere, anche se molto superficialmente, che tipo di vegetale stiamo trattando.

Le succulente possono essere suddivise tra piante che accumulano l'acqua nelle foglie e piante che accumulano acqua nel fusto.

▶ Le piante grasse sono soggetti dotati di organi in grado di trattenere una notevole quantità di liquido per mezzo di originali e spugnosi tessuti. Questi tessuti vanno a costituire dei veri e propri serbatoi capaci di trattenere e rilasciare liquido in funzione del fabbisogno del soggetto. Il **serbatoio** può trovarsi nel fusto o nelle foglie e da qui parte una ulteriore classificazione: piante grasse con serbatoio nel fusto o nelle foglie.

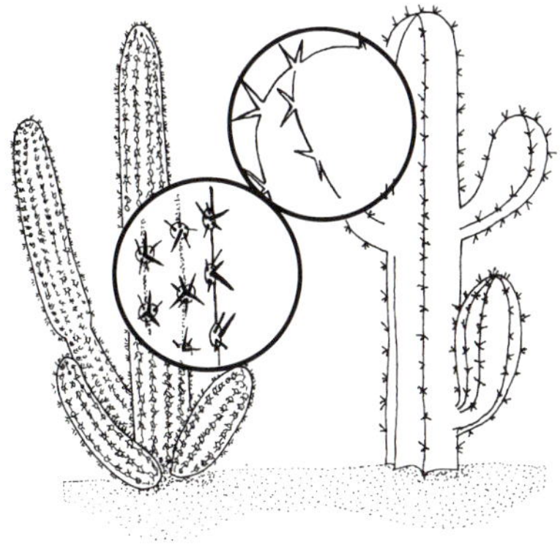

▶ Come possono riuscire però questi vegetali, nei periodi di siccità, a trattenere così a lungo le sostanze nutritive ed evitare la disidratazione? Per poter ridurre la perdita di umidità mediante lo scambio gassoso con l'ambiente esse hanno ridotto, rispetto agli altri vegetali, il numero delle *aperture stomatiche*, ovvero di quei fori invisibili a occhio nudo che permettono la traspirazione e quindi l'evaporazione del liquido.
E, dato che questi fori sono presenti in numero maggiore sulle foglie, notiamo che in parecchie piante grasse il fogliame è stato sostituito dalle **spine**, che hanno ovviamente una superficie traspirante praticamente nulla. Le succulente prive di spine, nel corso della loro evoluzione, si sono invece organizzate ricoprendo il loro fusto con **sostanze cerose** o con fittissimi intrecci di **peluria**.

▶ Proprio la collocazione sul fusto delle spine ci permette ancora una distinzione importantissima: riconoscere un cactus da un'altra specie grassa.
Noi sappiamo che mentre tutte le cactacee sono delle succulente, non tutte le succulente sono dei cactus. Ciò che distingue le cactacee è l'**areola**: una sorta di cuscinetto, anche ben visibile, circolare e chiaro sul quale spuntano le setole, le spine, i rami, le foglie e i fiori, paragonabile proprio a un comune portaspilli.
Tutte le altre piante grasse, anche se molto simili ai cactus per forma e struttura non possono essere classificate come appartenenti alla loro famiglia.

L'areola (a sinistra nel disegno di questa pagina) è la caratteristica distintiva di tutte le cactacee.

Genere, specie e famiglia

Per genere si intende il complesso dei caratteri essenziali e distintivi di una determinata categoria. In altri termini si tratta di una suddivisione sistematica, cioè ordinata rigorosamente, che comprende varie specie aventi caratteri affini fra loro. Come già detto si tratta della prima parola che identifica il vegetale ed è sempre scritta con la lettera iniziale maiuscola. I nomi dei generi possono fare riferimento ad alcune caratteristiche della specie, oppure possono essere nomi di scienziati, regioni geografiche e così via.
Un insieme di più generi, affini fra loro, costituisce la famiglia che a parte rari casi prende il nome del genere più rappresentativo tra tutti quelli che la formano e si identifica con la desinenza *-aceae*. Successivamente gruppi di famiglie vengono raggruppati in ordini, gli ordini in classi e così via. Quindi, ogni famiglia comprende vari generi e ogni genere comprende diverse specie.

La coltivazione delle succulente richiede pazienza e attenzione alle esigenze delle diverse specie.

Con quest'ultimo termine si identificano invece soggetti simili fra loro, che hanno le stesse strettissime caratteristiche e che riproducendosi danno origine a individui che ricopiano fedelmente i genitori. Il nome di identificazione – nella stragrande maggioranza dei testi – è scritto in minuscolo, anche se si tratta di nome di persona, come pure la lettera iniziale della parola stessa.
La distinzione è però ancora più complessa: spesso dalle famiglie vengono estrapolate sottofamiglie e ancora, di seguito, tribù o sottotribù; quindi per certi generi abbiamo i sottogeneri e le sezioni fino ad arrivare alle varietà e alle forme. Ognuna di queste classificazioni ha una desinenza specifica, che noi però trascuriamo nell'intento di fornire solo l'essenzialità della trattazione.
Naturalmente è una scelta che non deve essere confusa con la superficialità: tutte le categorie costruite dai botanici servono di più alla scienza della ricerca che alla coltivazione e al piccolo collezionismo. Non va inoltre dimenticato che nel settore, purtroppo, esiste anche una notevole confusione e non di rado capitano contraddizioni scientifiche che mettono a disagio gli stessi ricercatori.
Pensiamo soltanto ai semi di uno stesso frutto che possono dare individui con vistose differenze a seconda dell'ambiente nel quale crescono o semplicemente per effetto della luminosità. Oppure possiamo fare l'esempio degli scienziati Haworth, De Candolle, Pfeiffer e Lamaire che identificarono con quattro nomi diversi la stessa cactacea.

COLTIVAZIONE

Le piante sono esseri viventi e, come per tutti gli esseri viventi, gli elementi naturali sono fondamentali per la loro sopravvivenza e la fortificazione.
Ci riferiamo naturalmente all'aria, all'acqua, alla luce, al calore e al terreno.
Altrettanto importanti sono però gli interventi dell'uomo, che si estendono dalla scelta dei vasi più adatti al luogo in cui vengono deposte le piante.
È certo che nelle nostre case siamo ormai abituati a sistemare le varie piante un po' dove capita, curandoci magari poco delle loro esigenze e più dell'estetica necessaria per abbellire un angolo o per chiudere qualche spazio aperto. Nonostante ciò, si possono adottare piccoli accorgimenti che permetteranno di ottenere ottimi risultati nella coltivazione.

La luce

La luce dovrebbe essere il maggior alleato delle piante grasse. Esse sono originarie di luoghi desertici e intensamente soleggiati, e quindi alle nostre latitudini la luminosità potrebbe essere una carenza. Non dimentichiamo però che molte altre specie grasse vivono e vegetano nel loro ambiente naturale all'ombra (di alberi più alti o di cespugli). Dunque, non è affatto un criterio assoluto quello che vuole una costante esposizione delle piante grasse alla luce solare diretta: è il caso delle *Hawortia* e delle *Stapelia*, che prediligono la penombra.
Vediamo comunque di fare un po' d'ordine e iniziamo a suddividere le situazioni di esposizione alla luce delle piante.
Generalmente la maggior parte delle persone ha a disposizione davanzali e balconi, altre giardini e altre ancora possono permettersi delle piccole serre in spazi all'aperto più ampi.
Ecco come fare la scelta per una migliore esposizione luminosa delle nostre piante.

Finestre

È bene consigliare l'acquisto di poche piante grasse, scelte in vasi di circa una decina di centimetri di diametro: in questo modo si inizierà a conoscere la reazione del vegetale e a fare le prime pratiche di coltivazione. Piante come *Mammillaria*, *Notocactus*, *Crassula* ed *Echeveria* si adattano benissimo allo scopo.

Le finestre da privilegiare sono quelle dei lati ***sud-est****, che vengono colpite dai raggi solari dal mattino sino al pomeriggio e le piante, che assimilano meglio al mattino, saranno in posizione ottimale.*

DAVANZALI E BALCONI

Sui davanzali si consiglia sempre di **interrare** direttamente le piante, oppure di infossare gli stessi vasi in cassette adatte allo scopo e ricoprirli fino all'orlo di sabbia o torba. Questo per evitare innanzitutto che possano cadere per colpa di movimen-

I vegetali dovranno naturalmente essere posti all'altezza del vetro, magari costruendo delle mensoline interne, non certo alla base della finestra, che com'è noto rimane in ombra.

▶ Anche le finestre esposte alla luce del mezzogiorno sono da preferire, mentre per chi ha finestre o balconi che versano a nord o a ovest – e che stanno quindi per molte ore in penombra – si consiglia l'esposizione di piante che amano questo tipo di luminosità, come visto in precedenza.

La crescita delle piante grasse viene influenzata notevolmente dall'ambiente in cui vegetano.

ti maldestri o di ventate e poi perché ostacolano meglio l'evaporazione dell'acqua.

Anche sul terrazzo sarà possibile creare con le piante grasse piccoli giardini rocciosi, predisponendo un angolo di roccia e scegliendo la posizione per la messa a dimora di ciascuna pianta a seconda del suo portamento e del tipo. Quelle con foglie a rosetta, per esempio, sono l'ideale per fessure di roccia, all'interno delle quali vanno introdotte con la loro zolla, versando poi terra e pietrisco dall'alto (vedi disegno).

Serre e cassoni

Per gli appassionati che hanno la possibilità di avere uno spazio aperto, un piccolo giardino o un orto, nel quale praticare la loro coltivazione di piante grasse, vi sono altri modi estremamente utili e di grande effetto per mantenere questi soggetti: stiamo parlando di serre e cassoni.

▶ Sono reperibili in commercio **serre** (anche per poche decine di migliaia di lire) che hanno il vantaggio di proteggere le piante dalle intemperie, di fornire un ha-

bitat a temperatura costante durante i mesi freddi e di essere – cosa da non sottovalutare – facilmente installabili.
Il neo è costituito dalla poca aerazione di cui godono i vegetali, giacché la maggior parte di queste strutture sono costruite con una sola porta di ingresso.

Una serra di dimensioni accettabili non dovrebbe essere inferiore ai 4 m²; meglio se con intelaiatura in alluminio, con riscaldamento elettrico e con due aperture per permettere una migliore circolazione d'aria.

Bisogna precisare che non tutti gli esperti sono concordi nel proporre in serra le piante grasse: sostengono che nel loro ambiente naturale esse sono ormai abituate a notevoli escursioni termiche e alle abbondanti coperture di rugiada. E noi sappiamo che in serra non si può creare la rugiada e l'escursione termica è notevolmente controllata.
Inoltre, non bisogna dimenticare che se è vero che una pianta grassa sopporta molto bene il calore solare, ciò accade solo quando è all'aperto e dunque quando gode di una buona ventilazione. In caso contrario le cellule vegetali cessano di vivere, così come cessa a poco a poco anche l'attività vegetativa e avviene la perdita della clorofilla via a via fino alla morte del soggetto.

La temperatura ideale, soprattutto per le succulente nostrane, è attorno ai 30 °C; perciò capita frequentemente di vedere delle serre con i vetri "sporcati" di acqua di calce: è per cercare di schermare, per quanto possibile, i raggi solari.

▶ Il **cassone** rappresenta un'altra buona soluzione, adottabile anche su terrazzini o balconi di una certa ampiezza. Si può au-

tocostruire un cassonetto in legno (materiale sempre da preferire) o in mattoni, anche di pochi metri quadrati.
È ovvio che le dimensioni massime saranno relative al numero di soggetti che vogliamo poi metterci; comunque le cose da tenere presenti sono poche. Una è l'impermeabilizzazione del fondo ottenibile con uno strato di sabbia. Quindi faremo attenzione a costruire la parete a nord del cassone un poco più alta di quella a sud; in questo modo le intelaiature a vetri che vi poggeremo sopra risulteranno leggermente in pendenza.
Infine ci premureremo di tenere delle stuoie che possano ricoprirlo qualora vi fossero delle gelate improvvise o, anche, temporali con grandinate.
Alla fine dell'inverno potremo portare all'aperto le nostre piante e sistemarle nel cassone, tenendole però in ombra e con i vetri abbassati almeno per un paio di settimane, così da farle abituare al sole. Successivamente apriremo i telai di vetro nelle ore più calde per arrivare a toglierli definitivamente quando le temperature avranno ormai raggiunto una certa stabilità.

L'ARIA

Anche se può apparire curioso, la ventilazione è una componente fondamentale per la **nutrizione** della pianta. Infatti questi vegetali proprio mediante l'anidride carbonica presente nell'aria trasformano le sostanze organiche in altre che permettono loro di vivere.
L'aria favorisce la **traspirazione** e dunque oltre a regolare la temperatura interna del vegetale lascia il posto a nuova acqua che, raccolta dalle radici, ridona alla pianta i sali nutritivi che le necessitano.

▶ Attenzione però: una buona ventilazione non significa fare investire le piante da colpi di vento o correnti. Queste condizioni non farebbero altro che danneggiare i tessuti del vegetale. Perciò, soprattutto se avremo messo a dimora le piante in serre o cassonetti, curiamo che non vi siano spifferi provenienti dalle fessure dei telai.

L'ACQUA

È sbagliato pensare che le piante grasse non abbiano bisogno di annaffiature perché traggono l'acqua dall'umidità dell'ambiente. Diciamo che hanno bisogno di essere bagnate mantenendo un certo criterio: ci si ricordi che nei luoghi di provenienza esse godono di una stagione piovosa che si esaurisce successivamente in un periodo di siccità, perciò il nostro comportamento deve essere perlomeno analogo alle loro abitudini originarie.
Non dimentichiamo neppure che la frequenza fra un'annaffiatura e l'altra e la quantità di acqua variano in funzione della specie, delle stagioni, della grandezza e della costituzione dei vasi (che possono essere di terracotta, di latta o di plastica) e del tipo di terra.

Non esiste nessuna regola per annaffiare in modo corretto le piante grasse. Si dimostreranno di aiuto l'esperienza e alcuni accorgimenti nella scelta dei vasi e del modo di somministrare l'acqua.

L'operazione di annaffiatura è fra le più importanti e fondamentali per una buona crescita delle piante.

LE ANNAFFIATURE IN CASA

Dovranno essere differenziate in funzione del periodo stagionale.

Durante l'inverno le piante grasse vivono un periodo di riposo: è necessario ricoverarle in luoghi freddi ma riparati e sospendere completamente le annaffiature. Se la temperatura dell'ambiente supera i 15 °C, le piante vanno spruzzate una volta al mese.

Per avere un'indicazione più precisa della necessità o no di acqua, si deve palpare la terra in superficie: quando risulta asciutta va inumidita. È meglio annaffiare poco ma frequentemente, piuttosto che una volta ogni tanto e in modo abbondante: ricordiamo che le piante grasse possono "annegare" e marcire se la quantità d'acqua è troppa.

▶ A volte si può ricreare l'**effetto rugiada** con un normale nebulizzatore che lasci delle goccioline sulla superficie aerea del vegetale.

▶ Particolare attenzione deve essere rivolta alle **piantine giovani** e a quelle ricoperte di **sostanza cerosa**.
Nel primo caso è infatti consigliabile bagnare sempre la terra e mai il vegetale; nel secondo si tenga presente che l'acqua asporta la copertura naturale della quale è ricoperto il fusto di queste specie, privando in un certo qual modo la pianta di un suo elemento.

Se sotto i contenitori con le piante vengono sistemati i **sottovasi**, *si deve controllare che essi siano completamente asciutti prima di procedere con una nuova annaffiatura.*

▶ Queste note valgono in generale. Vediamo ora come ci si deve comportare con le varie specie, che come sappiamo hanno caratteristiche vegetative leggermente diverse. *Epiphyllum*, *Rhipsalis* e *Zygocactus* non devono mai rimanere completamente all'asciutto. Il loro habitat naturale è infatti la foresta, dove l'umidità è una costante; le bagnature quindi, soprattutto nel periodo invernale, devono tenere presente questa loro abitudine ed è consigliabile controllare che il terriccio sia sempre leggermente umido. Con l'arrivo della primavera, quando inizia la vegetazione, si aumenterà un poco la frequenza delle annaffiature.

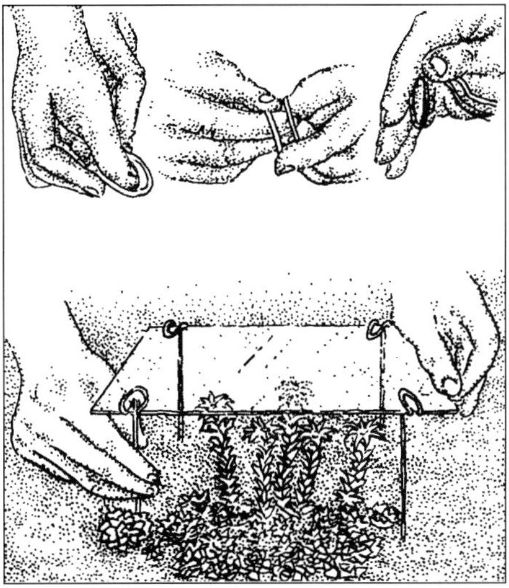

Per riparare le piante grasse coltivate in esterno dalla pioggia battente e prolungata, si possono costruire piccole tettoie in vetro, sorrette da fili di ferro zincato infissi nel terreno e ripiegati superiormente a formare un doppio gancio per l'inserimento della lastra.

Altre specie, come quelle caudiciformi che sono particolarmente distinguibili per il tronco legnoso – quali *Othonna*, *Pelargonium*, *Sarcocaulum* e alcune specie di *Mesembryanthemum* – hanno la caratteristica di riposare vegetativamente in estate (vanno per così dire "in estivazione"). Il comportamento da tenere sarà dunque l'inverso del precedente: le manterremo asciutte nei mesi caldi; quando inizieranno a emettere le foglie e a rinvigorirsi procederemo a bagnarle con le solite cadenze.

Le annaffiature in serra e all'aperto

In serra, dopo il riposo invernale – durante il quale le piante raccolgono l'umidità dell'aria – possiamo iniziare a programmare le annaffiature. Anche in questo caso però bisogna osservare le fasi di vegetazione delle varie specie e differenziare, come visto in precedenza, la distribuzione dell'acqua.

▶ Nelle serre, grandi o piccole che siano, ricordiamo che le piante resistono meglio ai rigori dell'inverno se sono completamente asciutte e per poterci regolare osserveremo la temperatura esterna: quando il termometro si fissa sui 5-6 °C le annaffiature devono essere interrotte.
I criteri da adottare sono esattamente identici a quelli già esposti: attenzione ai periodi di vegetazione e riposo vegetativo; differenziare il trattamento per le specie provenienti dalle zone umide rispetto a quelle abituate a vivere in regioni desertiche; fra una annaffiatura e quella successiva lasciare asciugare il composto; osservare che nella serra non vi siano correnti d'aria e proteggerla con stuoie nei periodi di freddo più intenso.

▶ Un'altra cosa piuttosto curiosa ma da non sottovalutare è il **gocciolamento** che potrebbe avvenire all'interno della serra (potrà essere causato sia dall'eccessiva umidità sia da qualche infiltrazione). Se le goccioline cadono costantemente su qualche pianta e la colpiscono sempre nello stesso punto potrebbero facilmente farla marcire. Quindi, per sicurezza, ruotare la posizione delle piante può prevenire un simile inconveniente.

La terra

Abbiamo visto che questi vegetali vivono nelle più disparate situazioni ambientali: negli anfratti rocciosi, nei deserti, nei terreni sassosi, su altri alberi ecc. È perciò impossibile dire che per la loro coltivazione vi sia una terra più o meno adatta, diciamo più semplicemente che il terriccio ha bisogno di avere alcuni requisiti.

▶ Scegliere una terra che favorisca il **drenaggio**, quindi con abbondanza di sabbia: non quella usata dai muratori, occorre più grossa. Una terra **asciutta** (un espediente è l'aggiunta di mattoni sgretolati o della torba) permetterà ai vegetali di non avere mai a che fare con un terreno che rimanga troppo imbevuto d'acqua e in definitiva per loro dannoso.
Queste semplici regole sono forse le uniche accettate da tutti gli esperti, anche se si trova sempre qualcuno che consiglia un tipo particolare di terra o di impasto. Ricordiamo che in questo campo le contraddizioni rimangono molte e a volte gli stessi ricercatori dicono e affermano teorie in completa antitesi con altre di pure illustri colleghi. Cerchiamo dunque di rimanere nel "mezzo", senza pensare di trovare la soluzione geniale a qualsiasi tipo di problema riguardante le succulente.

▶ Fatta questa breve premessa continuiamo col dire che una cosa davvero importante è fare in modo che il terreno sia ricco di tutti gli **elementi**. Quindi un impasto di terra comune, contenente marna, torba granulosa, terriccio di foglie e sabbia medio-grossa è l'ideale. Naturalmente in commercio esiste di tutto e già preparato, per cui basterà l'esperienza di un buon vivaista che potrà anche consigliare anche i concimi più adatti.

Nutrizione e concimazione

È facilmente intuibile che la bellezza delle piante e la loro crescita ottimale sono direttamente proporzionali al tipo di alimentazione, esattamente come per ogni essere vivente. Mentre però gli animali possono scegliere e variare a loro piacimento il luogo e di conseguenza il cibo, le piante hanno a disposizione il solo spazio nel quale sono impiantate. È certo questa una considerazione molto banale, ma spesso la soluzione dei più grandi problemi cade proprio nelle analisi più semplici. Da questo elementare principio

si riesce a capire per esempio come l'inquinamento persistente, soprattutto in certe zone del globo, sia irrimediabilmente mortale per la flora, che non può fare altro che vivere senza scelta all'interno di un sistema avvelenato. L'intervento dell'uomo diventa allora fondamentale e – anche nel nostro piccolo – è utile l'apporto di elementi nutritivi a sostegno della naturale "alimentazione" dei vegetali avendo una minima cognizione di come le varie sostanze agiscono su di essi.
I sali disciolti nell'acqua e l'anidride carbonica dell'aria, uniti alla luce, permettono alla pianta di vivere. Essa, mediante la **sintesi clorofilliana**, elabora gli idrati di carbonio che, uniti alle altre sostanze disciolte nel terreno e raccolte dalle radici, costituiscono la sostanza vitale.
Dal terreno il vegetale raccoglie azoto, calcio, ferro, fosforo, magnesio, potassio e zolfo, proporzionando assolutamente tutte le quantità, tanto che l'assenza di una sola sostanza – compresi carbonio, idrogeno e ossigeno – impedirebbe alla pianta di vivere indipendentemente dalla presenza degli altri elementi.

▶ L'**azoto** viene assorbito sotto forma di sali di acido nitrico o di ammoniaca (nitrato di potassio o solfato di ammonio) e generalmente quasi tutti i concimi ne sono molto ricchi. Particolarmente attenzione però: questo elemento accelera il processo di accrescimento delle piante, ma rende i loro tessuti molli e meno elastici.

▶ Il **calcio** (del quale sono ricche le terre dei nostri campi) viene utilizzato dalla pianta per regolarizzare il ricambio dell'acqua: ne rallenta l'assorbimento e favorisce il trasporto della stessa, tutelando il soggetto nei periodi di grande siccità.

▶ Il **ferro** serve alla pianta per la formazione della clorofilla, che non si formerebbe se questo minerale non fosse presente. Curiosamente, però, la stessa clorofilla risulta essere priva di ferro.

▶ Il **fosforo** è fondamentale per la generazione di cellule nuove, quindi è indispensabile alla fioritura. Purtroppo, se si invasano i soggetti in terra nostrana, esso dovrà essere aggiunto da noi perché i nostri composti ne sono poverissimi.

▶ Il **magnesio** è un altro elemento che deve essere aggiunto (sotto forma di solfato di magnesio) giacché, anche se presente nella comune terra, viene fissato da altri elementi e non può essere utilizzato dal vegetale per la fondamentale costituzione della clorofilla.

▶ Il **potassio** rappresenta il vero ricostituente della pianta: accelera la fotosintesi, rinvigori-

sce il tessuto, rende resistente il soggetto alle carenze d'acqua e alle malattie. È presente nella terra dei campi in buona quantità, però è bene aggiungerne di tanto in tanto.

▶ Lo **zolfo** è un altro elemento che si trova in abbondanza nella terra comune, quindi una volta cercato un buon impasto non serve fare aggiunte supplementari di solfati. È utile alla pianta per la formazione delle sostanze proteiche.

La scelta dei vasi

La scelta di un vaso di un certo materiale e delle giuste dimensioni è un argomento che richiede una discreta attenzione. Essa non può discostarsi molto da tutte le attenzioni di cura che dobbiamo avere.

▶ Iniziamo col vedere i **materiali** con i quali vengono costruiti i vasi: ne esistono in plastica, in terracotta e anche in metallo. Se è vero che la scelta migliore riguarda la terracotta, è vero anche che moltissime piante grasse prolificano e vivono benissimo anche in contenitori di plastica o metallo. Certamente per questi ultimi esistono degli inconvenienti, sono impermeabili e impediscono la traspirazione, ma anche la terracotta ha i suoi svantaggi: l'evaporazione dell'acqua avviene più rapidamente perché non riguarda solo la parte scoperta della terra (come nel caso di vasi in plastica o metallo), ma anche tutta la superficie del contenitore.

▶ Ogni soggetto deve avere il vaso scelto proprio per le sue **dimensioni**. Non deve essere troppo piccolo perché le radici della pianta, crescendo, formerebbero degli intrecci inestricabili impedendo un buon assorbimento dell'acqua e portando la pianta al soffocamento. Non devono neppure essere smisuratamente grandi perché, se le radici della pianta rimangono troppo distanti dal fondo del vaso, la terra in avanzo rischia di inacidirsi.
I vasetti che vendono generalmente i vivaisti (piccoli e di plastica nera) sono adatti alla vendita e basta. Per affrontare una coltivazione occorre un vaso dal diametro di almeno 10 cm e, qualora le piantine siano troppo piccole, se ne invasano più di una per vaso. Potremo poi rinvasarle quando crescono e più avanti vedremo anche come.

▶ Una valida alternativa ai vasi sono le **cassette**: innanzitutto perché le piantine hanno a disposizione più terra – quindi le radici possono assorbire meglio – e poi dal punto di vista della sistemazione in casa e dell'estetica esse risultano senza dubbio migliori. Un ulteriore vantaggio è

costituito dal fatto che se le piante vengono ben sistemate, non ci sarà bisogno di trapiantarle se non dopo qualche anno. Questo non è poco, dato che la maggior parte delle piante grasse soffre il trapianto e le specie più delicate ne possono morire. Vediamo adesso come devono essere le cassette "ideali". Il consiglio primario è

QUANDO RINVASARE

Per togliere le piante globose dal vaso si avvolge la parte aerea del vegetale con un giornale ripiegato e, tenendolo fermo, si fa ruotare delicatamente il vasetto fino ad avere l'estrazione del pane di terra. Per facilitare il tutto, è possibile inumidire la terra e dare leggeri colpi sulle pareti del contenitore. Se le piante sono a fusto lungo e magari ancora un po' esili si afferreranno alla base (sempre proteggendoci le mani con guanti da giardino o con un giornale) e, capovolgendo il vaso, si batterà l'orlo su un piano di legno fino ad avere l'estrazione della terra.
Se vi sono radici troppo lunghe, che restano attaccate all'interno del vaso e aggrovigliate fra loro, è meglio intervenire tagliandone la parte terminale. Dopo aver rinvasato, per evitare che le radichette possano marcire, attenderemo qualche giorno prima di annaffiare.
Una volta estratto il pane di terra lo si libera con leggere scosse del terriccio più sfruttato, si osserva che non vi siano parassiti e si fa pulizia delle radici morte. Poi, prima di riporle in un nuovo vaso, si pulisce quest'ultimo e si evita di lasciare della vecchia terra incrostata alle sue pareti. Se si tratta di un vaso dentro al quale è morta qualche pianta, è meglio scottarne l'interno con acqua bollente per fare in modo che non rimangano residui parassitari.
Vediamo ora come riporre la nuova pianta. Innanzitutto si deve coprire il buco di drenaggio sul fondo del vaso con un coccio rivoltato, quindi si distribuisce prima uno strato di sabbia piuttosto grossa e successivamente uno di sabbia più fine. Aggiungiamo infine la terra nuova e piantiamo la piantina che dovrebbe ancora avere le radici accolte nel pane di terra. Se questa si fosse sgretolata allarghiamo delicatamente le radici, e quindi interriamo fino al colletto del vegetale senza farlo sprofondare e cospargiamone la superficie con dei sassolini di sabbia grossa. Ricordiamo che la terra deve rimanere un paio di centimetri sotto l'orlo del vaso e che prima di annaffiare bisogna attendere 2-3 giorni, per permettere alle radici rotte o tagliate di rimarginarsi.

quello di evitare l'acquisto di cassette in plastica: non sono mai molto robuste e dopo qualche anno si rompono. Conviene dirigere la scelta sul legno, la terracotta o il cemento leggero, con dimensioni che possono variare fra i 30 e i 40 cm × 20-25 cm di profondità × 8-10 cm di altezza. La preparazione del terreno l'abbiamo già vista, basterà non riempire la cassetta fino all'orlo e tenere le piantine ben distanziate fra loro, circa 10 centimetri.

Quando rinvasare

Rinvasare una pianta grassa significa trovarle una sistemazione migliore, ricomporre il terriccio e osservare che le radici non siano attaccate da parassiti. È un'operazione che dovrebbe essere fatta ogni anno, richiede una certa cura e naturalmente dovrà essere più attenta se avremo le piante in vasi piuttosto che nelle cassette. Anche per questo intervento vi sono pareri e modalità diverse di comportamento: alcuni sostengono che la stagione migliore sia la primavera, altri l'inverno e altri ancora, addirittura, il periodo vegetativo perché, dicono, la pianta reagisce meglio e più in fretta al trauma della rinvasatura.

▶ Il mese più adatto a questo intervento, secondo noi, rimane comunque **marzo**, anche se come si è detto, molti vivaisti consigliano la rinvasatura nella stagione invernale, ovvero quando il soggetto è in riposo vegetativo. Sarà però la sola esperienza a consigliarci il meglio: ogni soggetto inserito in un proprio ambiente reagisce in modo specifico ai trattamenti e non è mai consigliabile generalizzare.

Come facciamo allora a sapere esattamente quando è il momento per rinvasare? Ebbene, anche se non vi sono regole ferree, possiamo tenere d'occhio qualche segnale. Il primo e più evidente è la dimensione del vaso, che se divenuto troppo piccolo rischia di soffocare la pianta. Il secondo segnale ce lo fornisce sempre l'osservazione del vaso: se dal foro sul fondo vediamo fuoriuscire le radici è tempo di intervenire. Altro motivo è dato da una stasi abbastanza prolungata nella crescita vegetativa del soggetto.

Sempre d'effetto sono le composizioni nelle quali specie diverse di succulente vengono disposte in uno stesso contenitore.

MOLTIPLICAZIONE

Quello della moltiplicazione soprattutto per un collezionista dilettante dovrebbe essere un passaggio obbligato e di grandissima soddisfazione. I metodi con cui propagare le succulente sono diversi, basterà scegliere il più adatto alla specie coltivata e alle nostre capacità.

La moltiplicazione per via vegetativa

Moltiplicare per via vegetativa o per via agamica significa cercare di fare nascere una nuova pianta senza l'ausilio della fecondazione, bensì mediante il distacco di una porzione da un soggetto, che sarà poi in grado di emettere radici e crescere per formare un individuo simile al precedente (quindi per talea, al più importante, ma anche per propaggine o divisione dei cespi). Inoltre, moltiplicare per via vegetativa significa innestare su parti di un vegetale gemme o porzioni di un altro vegetale che, saldatosi ai tessuti della pianta che lo riceve, crescerà come una parte del soggetto.

Moltiplicazione per talea

Per quanto concerne le piante grasse è il metodo più conosciuto e quello che dà le maggiori soddisfazioni dato che i nuovi soggetti, quando sopravvivono, si sviluppano bene e in fretta.
Quasi tutte le succulente, crescendo, danno origine a delle formazioni vegetali che stanno o alla base o sul fusto. Sono tenerissime e dunque staccabili con estrema facilità: interrare queste porzioni significa moltiplicare per talea. È certo che dobbia-

Nella sequenza fotografica a destra, moltiplicazione per talea di foglia di una sansevieria.

mo fare attenzione e in particolar modo evitare di "strappare" il vegetale formando delle sfilacciature che potrebbero danneggiare il cilindro della pianta madre o della talea stessa. In questi casi è meglio tagliare di netto la porzione, che può anche essere subito interrata, anzi meglio se viene messa addirittura nella sabbia. Il consiglio però è di attendere fino a quando il taglio non si è seccato. Questa operazione non è utile solo alla riproduzione, possia-

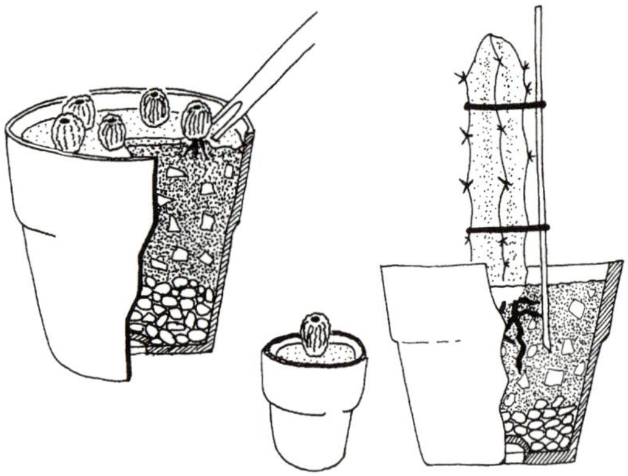

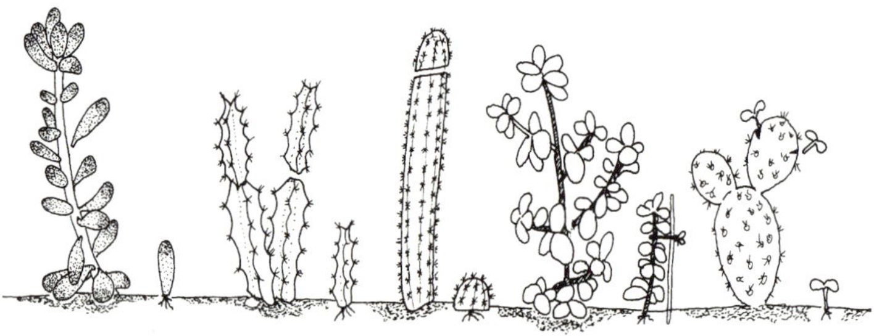

Le talee (a sinistra un esempio delle parti che è possibile utilizzare) vanno rinvasate dopo la radicazione (in alto a sinistra) e inizialmente dotate di tutore se con fusto allungato.

mo adottarla anche per la cura di quei soggetti che non vegetano bene o che stanno marcendo alla base.

▶ Il substrato in cui interrare le talee deve essere molto sabbioso o addirittura di sola sabbia. Può essere sistemato in bacinelle o in vasi, entro i quali potremo poi collocare più di una talea. Terremo questo contenitore in ambiente caldo, meglio se non direttamente soleggiato, e con la sabbia leggermente umida. Le talee dovranno essere piantate in poca profondità e se vi saranno rametti esili o piuttosto lunghi ci serviremo dell'ausilio di un tutore.

▶ Alcune piante, come certe crassulacee, danno la possibilità di avere talee anche dalle **foglie**: tolte e insabbiate riescono, nel punto dove sono state staccate, a dare origine a delle piantine con radici proprie anche con una certa facilità. Mentre la nuova piantina cresce, a poco a poco la foglia utilizzata per la talea rinsecchisce e muore.

I germogli che crescono alla base del fusto di questa Parodia *possono venire utilizzati come talee.*

GLI INNESTI IN PRATICA

Innesto a spacco o a fenditura

Viene praticato quasi esclusivamente su soggetti a fusto allungato e sottile, o appiattito, quindi su piante del tipo *Epiphyllum* o *Aporocactus*. L'esecuzione è semplice, basta però utilizzare un coltello ben affilato e curare di non lasciare sfilacciature nelle parti sezionate.
Si esegue un taglio orizzontale sul soggetto - in pratica lo si recide di netto all'altezza decisa - quindi si taglia nuovamente in senso verticale nella zona dei fasci. Si sceglie la marza, la si taglia a cuneo e la si inserisce nel taglio del soggetto facendo combaciare i fasci dei due elementi. È sempre meglio lasciare il taglio sul fusto un po' stretto, in modo che la marza, per essere innestata, sforzi leggermente.
Successivamente, con degli elastici, delle spine o degli aghi, si tengono fermi i due elementi per qualche giorno fino a che non si sono cementati. Negli innesti fra piante grasse non si usa assolutamente il mastice per saldare le parti fra loro.

Innesto per sovrapposizione o orizzontale

L'unica differenza rispetto all'innesto precedente è costituita dal taglio verticale. In altri termini si sezionerà il soggetto scegliendo una parte verde (dunque in vegetazione) e in senso orizzontale, lasciando liberi i fasci e cercando sempre di effettuare un taglio netto. Si prepara poi la marza allo stesso modo e la si sovrappone al fusto già preparato.
Le due parti possono essere tenute insieme da elastici, che verranno fatti scorrere sotto il vaso. È anche possibile pressare la marza mettendo due pesi leggeri ai capi di una corda, che verrà poi incrociata sopra di essa.
Anche in questo caso raccomandiamo di fare in modo che cambio e fasci dei due vegetali si tocchino almeno in parte.

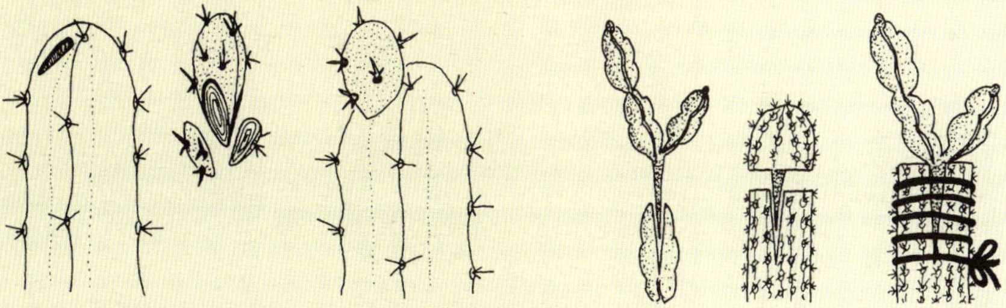

Sopra: gli innesti a fenditura (sequenza a sinistra) e a spacco (esempi a destra), possono sicuramente essere considerati tra quelli che danno i migliori risultati di attecchimento.

Dopo l'innesto

Eseguito l'innesto dobbiamo porre le piante al riparo dalla luce diretta, sempre in un luogo caldo ma al riparo dal sole, fino a quando le ferite non si sono asciugate. Per comprendere quando è il momento di togliere gli elastici, o ciò che abbiamo utilizzato per fermare le parti, osserviamo attentamente: sembrerà che i tessuti cicatrizzati siano un poco rigonfi e sollevati. Questo significa che le parti hanno attecchito.
Molto spesso i pochi giorni di attesa per capire se l'operazione è andata a buon fine, soprattutto per le piante più lignificate, possono prolungarsi e arrivare anche a 25-30 giorni, perciò prima di pensare al fallimento, armatevi di un po' di pazienza.

MOLTIPLICAZIONE PER INNESTO

Anche questa pratica viene utilizzata per curare, farle crescere più rapidamente o migliorare l'estetica delle piante. Non di rado, nei vivai, capita di vedere delle formazioni fiorali proprio sul fusto troncato di netto di qualche cactacea: queste formazioni sono quasi sempre il risultato di innesti riusciti.
Dunque cosa significa innestare? Significa togliere una porzione di vegetale, definita *marza*, da una pianta e inserirla, anzi proprio innestarla su un'altra pianta, definita *soggetto*, in modo che i tessuti delle due parti vegetali si tocchino e possano "saldarsi".
La marza e il soggetto devono essere affini, devono cioè provenire da piante della stessa famiglia: cactacee con cactacee e così via.

► I vegetali che si possono innestare sono quelli che hanno il **cambio**, ovvero un tessuto meristematico vascolare e cibroso. Perciò non tutte le piante grasse si adattano all'innesto (tra cui per esempio le *Aloe* e le *Agave*), mentre si usa moltissimo per le cactacee. Possiamo dire, per semplificare, che si potrebbero innestare tutte le dicotiledoni.

► Il periodo più adatto all'innesto è la fase di **pieno vigore vegetativo**, quando il tessuto del cambio ha ottime probabilità di saldarsi, e cioè dall'inizio della primavera fino ad agosto.
Gli innesti effettuati fuori stagione attecchiscono solo rarissimamente.

► Anche rispetto al soggetto che si desidera innestare deve essere fatta una scelta: è inutile operare su soggetti vecchi, perché l'operazione abbia successo bisognerebbe sempre scegliere **marze e soggetti giovani** e vigorosi.

Nella sequenza fotografica, esempio di propagazione per propaggine.

Sotto due succulente con evidente innesto.

Per innestare servono semplicemente un coltello molto affilato, meglio se possediamo un rasoio, e degli elastici (semplici elastici da maglieria) dei quali regoleremo la tensione a seconda che gli innesti siano fatti su piante tenere o più robuste.

SEMINA

Anche questa pratica è utilizzata principalmente per certe piante grasse – come per esempio le cactacee e i mesembriantemi – ed è di grandissima soddisfazione, senza contare che seguire dall'inizio la crescita di una piantina metterebbe nella condizione di conoscere più da vicino alcune caratteristiche dei vegetali che altrimenti non potremmo mai valorizzare.

I SEMI

Sappiamo che i semi sono contenuti da un frutto, così anche i frutti delle piante grasse contengono i loro minuscoli semi e in un numero che può essere di poche unità o strabiliante: si sono osservati frutti di succulente con almeno 3.000 o 4.000 semi ciascuno. Come detto, a parte rare eccezioni, questi semi sono di dimensioni piccole e mantengono la loro germinabilità per anni, anche se viene consigliato di non tenerli oltre un periodo di 1 o 2 anni.

COME E QUANDO SEMINARE

I semi si possono acquistare un po' ovunque e chi ha la fortuna di avere una collezione di piante grasse all'aperto, con certe attenzioni, può anche sperare di ricavare i semi direttamente dai suoi soggetti.

▶ Condizione necessaria e fondamentale per la riuscita della semina è il **calore**, sia del terreno che dell'ambiente. La temperatura del terreno deve andare da un minimo di 16 °C fino a un massimo di 20-22 °C, perciò è richiesta una cassetta da semina con riscaldamento artificiale, peraltro molto comunemente reperibile in commercio.

La distribuzione del seme deve essere fatta considerando le esigenze di crescita delle piantine che spunteranno.

In caso contrario si dovrà attendere di seminare fino alla stagione primaverile.

▶ A seconda del quantitativo di semi si sceglierà di seminare in **cassette o vasi** (almeno di una decina di centimetri di diametro) e avremo cura di segnalare con un cartellino che tipo di semi abbiamo interrato e in che data.
Sul fondo del contenitore, dopo aver messo il solito coccio, si ponga della ghiaia fine, utile al drenaggio, per uno spessore di almeno un centimetro; sopra si versi del terriccio da semina fino ad arrivare poco sotto l'orlo del vaso. Successivamente il composto va bagnato, attendendo che tutta l'acqua sulla superficie venga assorbita.

▶ Esaurite queste operazioni è il momento di seminare: i semi molto piccoli non

*Sequenza di semina.
Per rendere uniforme la distribuzione del seme di dimensioni più piccole, mescolatelo con della sabbia.*

devono essere interrati, mentre quelli di dimensioni più grandi (come quelli di *Opuntia*) dovranno essere spinti leggermente sotto la terra.
Dopo aver posto un vetro o un pezzo di plastica trasparente a coprire il vaso o la cassettina, la semina è conclusa.
La zona nella quale sistemeremo il vaso deve essere calda ma al riparo dalla luce diretta. Se l'operazione è riuscita, nel volgere di due o tre settimane assisteremo alla germinazione. Ogni tanto è utile rimuovere il vetro o la plastica che ricopre il vaso, per pulirla e togliere la condensa; l'aerazione non è necessaria fino a quando non spuntano i primi "bottoncini" verdi, solo allora terremo il vaso coperto a metà e poi, in seguito, con il crescere delle piantine, lo toglieremo definitivamente.
Per non rischiare di far spostare i semi, farli galleggiare o disperderli, è bene che le annaffiature vengano sempre effettuate dal basso, osservando che la terra rimanga costantemente umida.

▶ Un altro utile accorgimento è quello di attendere qualche giorno prima di **togliere i cappucci** dei semi dalle piantine: potremmo romperle o sradicarle durante l'asportazione; però quando i nuovi soggetti appaiono ben radicati è bene levare questi gusci perché potrebbero divenire veicoli di muffe e infezioni.

▶ I consigli che vengono dati per il **trapianto** di questi nuovi vegetali sono diversi: c'è chi sostiene che debbano essere trapiantati subito, chi indica di attendere qualche anno e chi dice di sistemarli in vasi singoli dopo il primo anno.
Forse la cosa migliore è quella di rispettare il ciclo della natura, "disturbando" le giovani piantine il meno possibile, almeno fino a quando sembrano ben irrobustite, intervenendo magari solo con un diradamento qualora abbiano troppo poco spazio fra loro.

PARASSITI E MALATTIE

Fortunatamente le piante grasse non subiscono gravi attacchi parassitari e neppure vengono colpite da devastanti infezioni. Come ogni essere vivente però devono trarre il meglio dall'ambiente nel quale vivono, perciò porre cura e attenzione nella coltivazione significa metterle non poco al riparo da eventuali malattie.

Nonostante questo, anche loro possono essere vulnerabili a parassiti, funghi o batteri. Vediamo quindi quali sono i pericoli più seri e quali possono essere i rimedi da adottare.

Le cocciniglie

Sono senza dubbio fra i parassiti più fastidiosi. Esse si nutrono della linfa della pianta e, oltre che a danneggiarla sottraendone sostanza vitale, lasciano sul vegetale gli escrementi, che frequentemente diventano l'habitat naturale di muffe o funghi.

Per identificare le cocciniglie insediatesi sul fusto o sulle foglie è sufficiente osservare con attenzione: le parti attaccate dal parassita rimangono ricoperte di una caratteristica lanuggine biancastra. Poi – a seconda che i coccidi siano più o meno numerosi – possiamo scegliere di intervenire per toglierle con leggere spazzolate (un normale spazzolino da denti è più che sufficiente), oppure utilizzando specifici insetticidi che qualsiasi vivaista dovrebbe saper consigliare (generalmente si usano esteri fosforici).

▶ Questi animaletti attaccano anche le **radici** delle pianticelle, perciò durante il rinvasamento non dimentichiamoci di

controllare che siano pulite.
Di solito, qualora le cocciniglie si siano insediate sulle radici, la pianta non mostra sintomi particolari di sofferenza se non un leggerissimo avvizzimento, non da tutti riconoscibile.
Anche in questo caso la loro presenza viene determinata dalla lanuggine biancastra che provocano. Dobbiamo ripulire le radici dal terriccio e trattarle con antiparassitari adatti. Prima di rinvasare, attenderemo poi che l'apparato radicale si sia completamente asciugato.

Il ragnetto rosso

Si tratta di un acaro molto piccolo, a volte addirittura non visibile a occhio nudo, che lascia sulla pianta infestata delle chiazze rugginose. Attacca i vegetali quasi esclusivamente all'apice, dove i tessuti risultano più teneri, e può provocare danni di una certa gravità: con la crescita le piante presentano screpolature sull'epidermide.
Essendo un animaletto che predilige l'ambiente asciutto si trova particolarmente a suo agio con le cactacee, che comunque dimostrano una notevole resistenza all'azione del parassita. Lo si combatte con acaricidi specifici.

Gli afidi e le formiche

Attaccano soprattutto i fiori delle piante grasse e si riconoscono perché sono molto simili a quelli che infestano un po' tutti i fiori. Sono verdastri o scuri e lasciano le zone colpite ricoperte di incrostazioni molto difficilmente asportabili.
Le formiche invece non provocano un danno così diretto però asportano i semi e possono divenire vettori per altre malattie parassitarie.

Le anguillule

Sono in sostanza dei nematodi, quasi come piccoli vermi, le cui dimensioni sono nell'ordine del millimetro. Attaccano le radici, dentro le quali si insediano, e le fanno morire. Non sono facili da riconoscere, anche se l'apparato radicale reagisce formando dei noduli sulle parti colpite.
Se dovessero infestare qualche pianta è consigliabile liberare le radici dal terriccio e non riutilizzarlo, disinfettare il vaso e agire sulla pianta con antiparassitari di tipo sistemico.

Il marciume del fusto e delle radici

È la malattia più frequente nelle succulente e può essere provocata da funghi o da batteri. Colpisce con più probabilità cactacee e mesembriantemi ed è particolarmente aggressivo dove vi sono terriccio grasso e umidità. Per le piante colpite può essere letale.
Anche in questo caso la capacità di osservazione è importante: non appena si notino macchie brune e mollicce sul vegeta-

DUE PAROLE SUGLI INSETTICIDI

A proposito di insetticidi diciamo che ne esistono di due tipi, per contatto e sistemici, e ricordiamo che, poiché prodotti velenosi, possono costituire un inconveniente anche per l'uomo.
Gli insetticidi per contatto sono quelli che normalmente vengono nebulizzati, spennellati o spruzzati direttamente sugli insetti e di conseguenza sulle piante; mentre quelli sistemici vengono messi in circolo dalla pianta e ne rendono velenosa la linfa per un determinato periodo di tempo. In pratica si avvelena la pianta sotto controllo.
L'acquisto e l'uso di questi prodotti deve essere fatta sempre a norma di legge; non si possono adoperare certi antiparassitari senza avere la reale conoscenza della loro pericolosità, che per l'uomo può anche rivelarsi letale.

le – magari in prossimità di qualche trauma locale – è necessario intervenire tagliando e asportando le chiazze prima che si diffondano. Bisogna togliere il tessuto malato fino a vedere (e lasciare a nudo) quello sano, sperando che l'infezione non abbia il suo focolaio nelle radici: in questo caso il vegetale è quasi sempre perso.

È importantissimo disinfettare il coltello a ogni taglio, per non renderlo veicolo infettivo, e a tale scopo utilizzeremo comune alcol.

Generalmente il marciume alla base del fusto, soprattutto per i cactus, è provocato da un terriccio eccessivamente bagnato e troppo compatto, dunque attenzione al drenaggio e al corretto rinvaso.

Se dovessimo accorgerci che la pianta è molto infettata possiamo utilizzare le parti verdi e sane come talee, nella speranza di salvare il salvabile. I prodotti fungicidi in questo caso servono a poco.

*Non sono da confondere con il marciume certe **macchie brune** che a volte compaiono alla base dei fusti: possono essere provocate da bruciature solari, da scarsa ventilazione o semplice vecchiaia. Per riconoscerle è sufficiente controllare che non si espandano. Possono essere lasciate perché, a parte un certo e comprensibile abbruttimento del vegetale, non sono pressoché dannose.*

Per evitare l'instaurarsi di malattie parassitarie e crittogamiche, è importante garantire alla pianta una posizione in cui siano soddisfatte le sue necessità in fatto di luce, acqua, temperatura.

STAGIONE PER STAGIONE

Si dice che le piante grasse siano tra quelle che hanno meno bisogno di cure e che possano vivere bene anche se vengono dimenticate per lunghi periodi. Una voce popolare, che circola anche tra i vivaisti meno preparati, sostiene addirittura che le piante grasse prosperano meglio se i loro proprietari le ignorano del tutto. Questo, naturalmente, non è affatto vero, ma ha un suo fondamento nel fatto che la maggior parte delle piante grasse deve essere annaffiata pochissimo. Tra un'annaffiatura e l'altra devono passare diversi giorni, perché il terriccio deve asciugarsi completamente prima di fornire nuovamente acqua alla pianta. Nel loro habitat, infatti, le piante grasse sviluppano apparati radicali sottilissimi che possono scendere in profondità a cercare il nutrimento, ma sono inadatte al terriccio umido in superficie e, se questo resta bagnato troppo a lungo, possono marcire.
A parte questo, le piante grasse hanno invece bisogno di poche, ma attente cure per vivere bene, crescere e soprattutto per produrre i fiori che le rendono tanto attraenti.
Secondo il tipo di pianta e la zona di provenienza, in ogni stagione si dovranno quindi prodigare le cure adatte: rinvasi, riparo invernale, protezione contro l'umidità, concimazioni, disinfestazioni, annaffiature. Inoltre è molto importante che in ogni stagione le piante abbiano la giusta temperatura e la giusta esposizione al sole: ci sono piante (per esempio tutte le cactacee originarie delle zone desertiche) che necessitano di riposo invernale a bassa temperatura e scarsissima umidità, altrimenti non emettono le gemme fiorali o hanno una fioritura stentata.

Vediamo dunque, stagione per stagione, quali sono le piccole attenzioni che bisogna riservare alle nostre succulente.

PRIMAVERA

► È la stagione del **risveglio vegetativo**. A marzo, nei nostri climi, è ancora presto per cominciare ad annaffiare, ma può capitare che vi siano giornate soleggiate e abbastanza tiepide: in questo caso si cominciano a mettere al sole le piante del deserto, in posizione molto riparata perché devono essere protette dall'aria fredda.

► In queste giornate bisogna fare attenzione alle **scottature**: alcune piante infatti possono mal sopportare i primi caldi raggi del sole brillante di primavera; è il caso delle *Rebutia*, delle *Haworthia* e delle *Stapelia*, che crescono di solito leggermente ombreggiate dagli arbusti e dalle erbe della prateria. I cactus della foresta, invece, non vanno mai messi al sole: devono restare in posizione luminosa ma all'ombra.

► Si può cominciare quindi a dare un po' d'acqua a quelle piante che sembrano dare segni di appassimento.
Se la primavera prosegue con un tempo umido, è meglio tenere le piante del deserto al riparo in serra o in un cassonetto. Quando la temperatura sale al di sopra dei 15 °C si cominciano ad **annaffiare moderatamente**, ma con regolarità, i catus epifite della foresta: *Epiphyllum*, *Hylocereus*, *Rhipsalis*, *Schlumbergera*, *Zygocactus*. Una concimazione con fertilizzante per piante da appartamento molto diluito le aiuterà nella formazione dei loro splendidi fiori.

► A maggio si possono **concimare** anche gli altri cactus sudamericani, con un prodotto specifico ad alto contenuto di fosforo oppure con farina d'ossa. Se il tempo è bello si possono mettere all'aperto le piante che desiderano una posizione più soleggiata. Le serre in questo periodo devono essere aerate.

▶ Anche le piante che vengono tenute in appartamento devono essere poste in **posizione luminosa** e arieggiata, evitando le correnti.

Estate

▶ È la **stagione vegetativa** e, per la gran parte dei vegetali, della fioritura. In questa stagione le piante vanno bagnate con frequenza; quelle più esposte al sole anche tutti i giorni, se la terra è asciutta. Alcune specie devono essere tenute moderatamente umide: è il caso dei cactus della foresta e di poche altre specie per le quali vengono date indicazioni specifiche nelle schede descrittive. Nella maggior parte dei casi, comunque, è importante che il terriccio asciughi completamente prima di procedere all'annaffiatura.

▶ Le piante collocate all'aperto vanno **protette dalla grandine**: gli acquazzoni estivi invece, se il terreno è ben drenato, non sono dannosi. Qualche spruzzatura è consigliabile soprattutto se si temono infestazioni del ragnetto rosso: questo parassita infatti non sopporta l'umidità.

▶ L'estate è anche il momento delle **concimazioni**: molte specie vanno concimate una sola volta all'anno, ma ve ne sono altre, di solito quelle più fiorifere, che vanno concimate mensilmente e altre (i cactus epifiti della foresta) anche più spesso. Il concime deve essere sempre molto diluito. Per i cactus del deserto, che si concimano ai primi tepori della primavera, bisogna usare un fertilizzante apposito.

▶ Tutte le piante appena **rinvasate** non vanno concimate per un certo periodo. I cactus del deserto, che si concimano annualmente, non devono essere trattate l'anno del rinvaso.

Autunno

▶ Già alla fine di agosto le giornate si accorciano e le piante **rallentano la vegetazione**. È quindi necessario sospendere le concimazioni e rallentare drasticamente le annaffiature. Man mano che la stagione avanza si inizia a proteggere le piante più delicate dall'abbassamento della temperatura, riparandole in serra o in casa.

▶ I cactus del deserto devono invece essere protetti dall'**umidità**. Vanno posti in un luogo fresco e asciutto, per poter godere di un periodo di riposo dopo lo stress della fioritura. In questo modo, inoltre, i fusti immagazzinano le energie per emettere nuovi boccioli la primavera seguente.

▶ L'autunno è la stagione della **fioritura** di alcune specie, tra cui i *Lithops*. Dopo la fioritura, queste piante appassiscono. Dai fusti disseccati spunteranno a primavera le nuove coppie di foglie che costituiranno il fusto fiorifero del prossimo anno.

Inverno

▶ Il **riposo vegetativo**, tipico di questa stagione, deve essere favorito dalla bassa temperatura. Alcune specie possono restare all'aperto, purché protette dall'umidità, dal momento che sopportano bene il freddo. È il caso dei cactus originari delle zone di montagna e anche della maggior parte di quelli del deserto, che però non possono essere esposti a temperature troppo vicine allo zero. Altre piante grasse vogliono temperature attorno ai 10 °C. L'ideale, se non si dispone di una serra, sarebbe poterle collocare in una stanza fresca e ben illuminata, che possa essere adeguatamente aerata senza che le piante debbano essere sottoposte a bruschi sbalzi di temperatura o a correnti d'aria fredda.

▶ Le piante grasse di origine tropicale hanno invece bisogno di **temperature più alte**, fra i 13 e i 18 °C. Vanno annaffiate ogni tanto, per impedire che, a questa temperatura, la siccità prolungata le faccia avvizzire. Le annaffiature devono comunque essere molto moderate. Il riposo vegetativo è infatti essenziale per la buona riuscita della successiva fioritura.

▶ Alla fine della stagione invernale si effettuano i **rinvasi**.

Per prevenire malattie e attacchi parassitari, controllate spesso le vostre piante grasse, spolveratele con un pennello ed eliminate subito le parti di fusto che presentano seccumi o necrosi. Somministrate sempre con attenzione l'acqua.

AGAVACEAE

Famiglia composta da piante a fusto generalmente molto breve, con una rosa di foglie grosse e carnose, oppure lungo, eretto, con foglie più strette. Le radici sono numerose, sottili e molto lunghe, utili per cercare l'acqua in profondità nelle zone aride. Le infiorescenze, che si trovano all'ascella di brattee, portano fiori con sei tepali e sei stami.

Non sono adatte a essere coltivate in appartamento ma in esterno, fatta eccezione per alcune specie di dimensioni particolarmente ridotte.

Agave

Le agavi, originarie delle zone calde e desertiche del continente americano, sono piante perenni, con fusto breve e rosetta di foglie grosse e carnose, spesso con spina legnosa all'apice. Le infiorescenze si formano su un ramo fiorifero che spunta al centro della rosetta di foglie e può arrivare a 10 m di altezza. Il genere comprende circa 300 specie.

La fioritura avviene generalmente d'estate, quando la pianta raggiunge la piena maturità, di solito dopo molti anni. In vaso le agavi non fioriscono quasi mai. Dopo la fioritura la pianta muore, ma si riproduce attraverso gli stoloni o le gemme che si trovano nel fiore.

In Italia, le piante appartenenti a questo genere vivono all'aperto nelle zone centrali a clima temperato e nel Meridione. Al Nord devono essere riparate in serra durante l'inverno (temperatura non inferiore a 5 °C).

Sono molto resistenti alla siccità, mentre temono i ristagni d'acqua.

Si moltiplicano grazie ai numerosi polloni che si formano attorno alla rosetta di foglie o attraverso le gemme che crescono sul ramo fiorifero.

Le agavi, dette "piante centenarie", presentano foglie più o meno succulente a seconda della specie. In questa pagina: A. echinoides *(in alto a sinistra),* A. filifera *in alto a destra) e* A. striata *(in basso a sinistra).*

AGAVE FEROX

Originaria del Messico. Senza fusto, con rosetta di foglie verde scuro ascendenti e con la parte terminale incurvata verso il basso, che portano spine marginali brune e grossa spina apicale, conica. Raggiunge un diametro di 2 m, mentre il ramo fiorifero arriva a un'altezza di 6-10 metri.
È coltivata all'aperto nelle zone mediterranee.

AGAVE ATTENUATA

Originaria del Messico, è una pianta che raggiunge il diametro di circa un 1,5 m con breve fusto aereo, sormontato da una rosetta di foglie verde-grigio prive di spine. Il ramo fiorifero è alto circa 1,5 m e porta un'infiorescenza ricurva carica di fiori gialli.

A. ferox *(a destra) – spesso coltivata in giardini e aiuole di località sul mare –* e A. victoriae-reginae *(sotto) adatta alla coltivazione in casa.*

AGAVE PARVIFLORA

Originaria del Messico. È una pianta piccola (diametro 20-30 cm) con foglie verdi leggermente striate di bianco e, sul margine, setole bianche accompagnate da una fila di dentini. La spina apicale è scura e pungente. L'altezza del ramo fiorifero varia da 50 cm a 1,5 m. I fiori sono rossi.
Può essere coltivata all'aperto nelle zone calde.

AGAVE ECHINOIDES

È una piccola pianta (diametro 25-30 cm) con breve fusto dal quale si dipartono a raggiera molte foglie rigide e tondeggianti, con un'unica spina terminale, nera e acuminata. Di difficile riproduzione.

AGAVE AMERICANA

Originaria del Messico, è una pianta di diametro variabile tra 1,5 e 3 m. Ha foglie verde-grigio, ascendenti, spinose lungo il margine e all'estremità che è incurvata verso il basso. La spina apicale è legnosa e lunga circa 1 cm. Viene frequentemente coltivata all'aperto nelle zone mediterranee, anche nella varietà Marginata, con strisce gialle o biancastre ai margini delle foglie. In fioritura emette lunghi steli fiorali (anche 10 m di altezza).

Particolarmente decorative le varietà di A. americana variegate. In questa pagina la Candida (in alto) e la Marginata (in basso a destra).

Sotto: particolare del fiore di agave americana.

APOCYNACEAE

Questa famiglia comprende piante molto diverse tra loro (ricordiamo l'oleandro e la pervinca). Sono da segnalare due generi di piante grasse piuttosto interessanti: *Adenium* e *Pachypodium*.

Le piante del genere ***Adenium***, originarie dell'Africa orientale, sono alberelli con rami e tronco nodosi, foglie ovali verdi con la pagina inferiore ricoperta da una sottile peluria biancastra. Producono fiori molto grandi (12 cm), a forma di tubo che si apre in una corolla di 5 petali rosa, arrotondati. Crescono molto lentamente e in natura diventano alti anche 4-5 m; coltivati in vaso raggiungono al massimo i 90 cm.

Possono rimanere all'aperto solo nelle regioni calde mediterranee. Desiderano molto sole e scarsa umidità. Si moltiplicano per talea.

I ***Pachypodium*** (a destra, un esemplare giovane) si differenziano dalle *Adenium* per la presenza di spine persistenti (vedi esemplare in fotografia). Gli appartenenti a questo genere (Africa sudoccidentale e Madagascar) hanno aspetto molto differente.

ASCLEPIADACEAE

Famiglia molto vasta: comprende migliaia di specie di piante (tra cui molte non grasse) diversissime tra loro.

I fiori hanno cinque sepali e cinque petali sempre saldati alla base. A volte presentano al centro un complicato ginostegio.

Il gruppo delle *Stapelia* comprende diversi generi di piante grasse con fusti molto carnosi (generalmente dotati di quattro costolature), che tendono a formare cespi larghi e bassi, con foglie spesso ridotte a spine carnose. I fiori sono a volte grandi e di forma strana, ma emanano un odore molto sgradevole (sono infatti piante impollinate dalle mosche della carne): è il motivo per cui queste piante si trovano raramente nelle collezioni, e si sconsiglia la loro coltivazione in casa, malgrado la facilità di crescita.

Ceropegia

Sono piante originarie del Sudafrica. Il genere comprende molte specie di origine e forme diverse, di cui poche – e diverse fra loro – sono le piante grasse. Hanno infatti fusti cilindrici che possono essere eretti, rampicanti o pendenti. Le foglie hanno forme diverse.

I fiori sono allargati quasi a sfera all'inizio, poi si stringono a forma di tubo che termina con 5 lobi.

Se si desidera farle fiorire è necessario collocarle in posizione molto soleggiata, annaffiandole con regolarità in modo da mantenere il terriccio sempre leggermente umido. D'inverno vanno bagnate pochissimo. Temperatura: da un minimo invernale di 10-13 °C in su. È possibile riprodurle da talea o da seme.

CEROPEGIA WOODII

Pianta ricadente che ha radici tuberose (simili a bulbi), con fusti sottilissimi, lunghi anche più di 1 m, di colore rosso violaceo. Le foglie sono leggermente carnose, cuoriformi, di colore verde scuro marezzato di bianco, e spuntano a coppie lungo il fusto. I fiori a tubo, rosa e porpora, spuntano in autunno. È molto bella coltivata in panieri sospesi, che mettono in evidenza le sue lunghe "collane di cuori". Ama la luce brillante ma filtrata, e temperature tra i 10 °C e i 22 °C. Non bisogna annaffiarla troppo frequentemente.

CEROPEGIA STAPELIIFORMIS

Pianta con fusto ramificato alla base e andamento strisciante. I rami sono sottili e hanno foglie triangolari, piccolissime. I fiori, bianco-verdi a chiazze brunastre, hanno il tubo lungo anche 4-6 cm.

Caralluma

Comprende diverse piante originarie dell'Europa meridionale, dell'Africa, dell'India. Sono piantine (10 cm di altezza) che crescono a gruppi accanto ad arbusti del deserto che le proteggono dal sole cocente con la loro ombra. Erette o striscianti, ramificate e prive di foglie, hanno fusti sottili di colore grigio-verde, a sezione quadrangolare, con denti corti e radi sulle coste.

I fiori, che compaiono d'estate, sono larghi e con 5 petali appuntiti. Emanano un odore sgradevole di carne marcia, come tutte le piante impollinate dalle mosche necrofile.

Adatta ai giardini rocciosi, da mettere accanto ad altre piante grasse originarie delle zone desertiche, sopporta bene temperature anche basse, ma teme l'umidità. Va riparata dai raggi più forti del sole.
Temperatura: da un minimo di 5 °C a un massimo di 29 °C.
Si propaga da seme o da talea. Le talee vanno lasciate asciugare due settimane prima di essere messe a radicare.

Stapelia

Genere dell'Africa meridionale che comprende diverse specie e varietà di esse. Queste piante hanno fusti carnosi eretti o striscianti, con quattro coste, ramificati dalla base.
I fiori si presentano alla base dei rami più giovani con forma brevemente tubolare: il tubo si allarga in una grande corolla di 5 petali appuntiti e a volte ricurvi, simili a stelle (a volte a stelle marine) o a grandi farfalle. L'odore è tipico della carne putrescente e le *Stapelia* vengono infatti impollinate dalle mosche necrofile (mosche della carne), che vivono nelle zone dove crescono queste piante.

Le Stapelia *hanno fiori grandi e carnosi che compaiono in estate-autunno. La fruttificazione ha luogo nella primavera seguente. Queste piante sembrano avere azione moschicida.*

STAPELIA GIGANTEA

Ha fiori grandissimi (arrivano a 30 cm di diametro), di forma non tubolare ma con lobi lunghi, appuntiti e ricurvi che la fanno assomigliare a una stella marina. Il colore dei fiori è giallo chiaro con striature rosse oppure bruno-scure, con peli bianchi o rossi. Cresce in Sudafrica.

STAPELIA VARIEGATA

Pianta ad andamento strisciante, con steli carnosi pendenti. I fiori hanno circa 5 cm (a volte anche di più) di diametro, con lobi triangolari ricurvi e anello centrale sporgente. Il colore è giallo-ocra marmorizzato, ma ne esistono varietà con fiori di altri colori (anche esemplari della specie principale portano però evidenti diversità). Cresce in Sudafrica.

L'odore e il colore dei fiori, che a volte li fanno assomigliare a strani animali, servono ad attirare le mosche carnarie dalle quali vengono impollinati.
Per questo motivo questo genere di piante non viene coltivato con frequenza, anche se non dovrebbero mancare nella collezione di un appassionato di piante grasse, in quanto molto interessanti e di soddisfazione quando si riesca a farle fiorire (impresa non facilissima!).

Emettono i loro grandi fiori solo se vengono collocate in posizione molto soleggiata e se annaffiate con regolarità, così che il terriccio si mantenga sempre leggermente umido. È importante quindi assicurarsi che questo sia ben drenato.
D'inverno le *Stapelia* vanno bagnate pochissimo.
Temperatura: da un minimo invernale di 10-13 °C in su.
La moltiplicazione si effettua per talea, da seme o per divisione dei cespi.

CACTACEAE

Comprende migliaia di specie di piante a fusto grasso, che può essere sferico, cilindrico, con coste e rilievi, semplice o ramificato. La caratteristica che contraddistingue le piante di questa famiglia è l'areola che è una specie di gemma interna o di embrione di ramo, evidenziato da un ciuffo di spine o di peli. Nelle cactacee che hanno costolatura le areole si trovano lungo le coste; altrimenti si trovano all'ascella delle foglie o all'apice dei tubercoli. I fiori spuntano sempre al centro di un'areola. La maggior parte delle cactacee ha fiori con ovario infero.

Dal momento che questa famiglia raggruppa un enorme numero di specie, per comodità, si suddividono le cactacee in tre sottofamiglie o tribù: *Pereskiae, Opuntiae, Cereae.*

Le ***Pereskiae*** sono piante con fusto e rami spinosi, cilindrici, legnosi, foglie sempreverdi e grandi areole lanose. Sono arbusti di aspetto piuttosto lontano dall'idea che abbiamo in genere delle piante grasse.

Le ***Opuntiae*** sono piante grasse con fusto e foglie di diverse forme e dimensioni. Portano spine e glochidi (cioè setole acuminate che si conficcano facilmente nella pelle e sono molto fastidiose).

Le ***Cereae*** sono piante prive di foglie (oppure con foglie ridotte a piccole scaglie), con fusto per lo più cilindrico o globoso e fiori non proliferanti.

Una serra con differenti specie di piante appartenenti alla famiglia delle cactacee.

Acantocalycium

Il genere è originario dell'Argentina. Hanno fusto tendenzialmente sferico, che in alcune specie diviene più allungato con la crescita; solcato da evidenti costolature con areole feltrose (soprattutto negli esemplari giovani). In passato venivano classificate tra le *Echinopsis*.

I fiori sono lunghi 3-4 cm e sono caratterizzati dal tubo fiorale spinoso con un anello di lana all'ascella.

Richiedono un'esposizione in pieno sole. In inverno ricoveratele in ambiente protetto poiché non sopportano i climi eccessivamente rigidi.
Si moltiplicano con facilità per pollone.

ACANTOCALYCIUM VIOLACEUM

Pianta dalla struttura tendente al cilindrico, con coste e spine gialle, più scure all'esterno dell'areola. I fiori sono grandi 5-6 cm, di colore rosa-viola, con spine scure e anello di peli bianchi all'interno del tubo fiorifero.

Aporocactus

Nel loro habitat (sono di origine messicana) spuntano dalle fenditure delle rocce o si aggrappano ai rami degli alberi. Sono quindi piante ricadenti, con rami cilindrici e piuttosto sottili, con coste poco visibili, fittamente punteggiate di areole spinose o setolose. I rami sono lunghi fino a 1 m, e formano interessanti cespi ricadenti, adatti a panieri sospesi. Se ne conoscono sei specie, delle quali la più nota è *A. flagelliformis*.

I fiori, con molte sfumature rosse e rosa, spuntano sulla parte vecchia dei fusti in primavera. Hanno forma di una tromba che si allarga in corolle multiple da cui spunta un ciuffo di stami gialli. Sono lunghi, grandi e numerosi: per questo gli *Aporocactus* vengono molto ricercati e coltivati.

Sono molto facili da tenere: vogliono molta luce e anche sole diretto, finché la temperatura non diventa troppo elevata.
Le annaffiature devono essere regolari durante la bella stagione: il terriccio

deve restare leggermente umido (ma attenzione ai ristagni d'acqua). Concimare all'inizio della primavera, per stimolare la produzione dei fiori.
In inverno manteneteli a temperature di 10-13 °C di notte e 18-21 °C di giorno; in estate dai 24 °C in su.
Si propagano facilmente sia da seme sia da talee di fusto (da eseguire in periodo estivo).

APOROCACTUS FLAGELLIFORMIS

Originaria del Messico, con molti rami pendenti lunghi e sottili, coste poche evidenti, spina rosa. Nella parte vecchia dei rami, in primavera, spuntano fiori di un bel colore rosso-rosa, con tubo ricurvo e ciuffo di stami che sporge dal fiore.
Per sviluppare i suoi lunghi rami necessita di annaffiature abbondanti in estate.

Ariocarpus

Piante originarie del Texas e del Messico settentrionale, senza fusto, con bassi tubercoli privi di spine e simili a foglie, disposti a forma di rosetta e con la sommità piatta. Esistono diverse specie distinguibili per le differenze nella forma dei tubercoli. Sono piante piccole: basse, arrivano a un diametro di 15 centimetri.

I fiori, bianchi, rosa o porpora, sono larghi circa 5 cm e appaiono vicino al centro della pianta. Spuntano dalle areole – come in tutte le cactacee – che negli *Ariocarpus* si trovano all'ascella delle foglie. Ogni fiore dura pochi giorni; si chiude di notte e si riapre il giorno successivo.

Non è un genere di facile coltivazione: teme l'umidità e marcisce facilmente. Cresce inoltre lentamente, ed è molto difficile vederla fiorire.
Ha bisogno di molte ore di luce solare ogni giorno.
Sopporta temperature basse d'inverno (non meno però di 6 °C), purché venga protetta dall'umidità atmosferica.
Si moltiplica per talea.

A. kotschubeyanus, *che non supera in genere i 5 cm di altezza, semicoperto dal terriccio.*

ARIOCARPUS KOTSCHUBEYANUS

Pianta scoperta nel 1840, è di dimensioni piccolissime (da 3 a 5 cm) ma in compenso carissima, da collezionisti. Di forma quasi piatta, ha tubercoli triangolari percorsi da un solco orlato di lanugine. I fiori sono rosa-viola, grandi quasi più della pianta. Cresce molto lentamente e fiorisce dopo molti anni.

ARIOCARPUS FISSURATUS

Viene anche chiamato "pietra vivente" o "sasso vivo". Pianta di piccole dimensioni (fino a 15 cm di diametro) ha tubercoli triangolari, simili a foglie, caratterizzati da fenditure e solchi. I fiori, rosa, sono larghi 4 centimetri.
Pianta difficile: cresce lentissimamente, fiorisce raramente, teme l'umidità e ha bisogno di luce e calore.

Tutte le specie di Ariocarpus *(in questa pagina* A. scapharostrus, *sopra, e* A. retusus, *sotto) hanno crescita molto lenta. Malgrado ciò, non se ne deve forzare la crescita con acqua o concimazioni eccessive per non rischiare di far morire le piantine.*

Astrophytum

Genere di piante originarie del Messico settentrionale e del Texas meridionale.
Di forma globosa, che tende a diventare cilindrica con l'età, hanno poche coste (da 5 a 8) più o meno rilevate, alcune con margine molto evidente, altre arrotondato. Sono cosparse di macchioline bianche irregolari e presentano areole lanose o spinose sui margini delle coste.

I fiori, che si presentano sulla sommità della pianta, hanno la forma di grande margherita con molti petali, di dimensioni variabili tra i 4 e gli 8 centimetri. Sono gialli, alcuni con il centro rosso, e durano pochi giorni; la pianta può però continuare a fiorire per tutta l'estate.

Vogliono molta luce e sole, ma è meglio schermarle dai raggi più cocenti del sole estivo.
Le annaffiature in primavera-estate devono essere abbondanti ma diradate: il terriccio deve diventare asciutto tra un'annaffiatura e l'altra. Evitare i ristagni d'acqua.
D'inverno sopportano temperature piuttosto basse (non meno di 7 °C) purché protette dall'umidità.
Vanno concimate una sola volta all'anno, in primavera, con un concime per cactus (non sono adatti quelli che si usano generalmente per le piante da fiore).
Si propaga per seme.

ASTROPHYTUM MYRIOSTIGMA

È una varietà senza spine, di forma colonnare: in natura arriva a 60 cm di altezza; gli ibridi coltivati hanno invece forme globose e arrivano appena a 20 cm di diametro (sotto nella fotografia). I fusti sono fittamente punteggiati di macchioline grigie, con areole brune allineate sulle coste. I fiori sono gialli. Teme l'umidità, soprattutto d'inverno.

ASTROPHYTUM ASTERIAS

L'aspetto della pianta ricorda un riccio di mare. Le dimensioni arrivano a 10 cm di diametro e 4 cm di altezza. Non ha spine ma areole lanose. I punti bianchi sono disposti in linee regolari sul margine delle coste. I fiori sono larghi circa 6 cm, gialli, con il centro rosso vivo. È una pianta difficile da tenere perché marcisce facilmente, vuole molta luce ma teme il sole estivo.

Chamecereus

Il genere è composto da una sola specie – *Chamaecereus silvestri* – ma esistono in commercio diverse varietà ibridate. È una pianta originaria delle montagne argentine. Si presenta sotto forma di fitti cespi formati da fusticini sottili, molli e allungati, di portamento strisciante. I fusti, lunghi 6-15 cm hanno 6-9 costolature poco rilevate, fittamente punteggiate sui margini da areole di corte spine setolose. Il colore della pianta è verde chiaro, ma sotto il sole estivo può assumere una colorazione rossastra.

In estate la pianta produce un'abbondante e vistosa fioritura, con fiori a forma di tubo allungato che si aprono in ampia corolla di petali scarlatti. Il tubo è lunga circa 5 cm, coperto da scaglie pelose.

Richiede l'esposizione al sole diretto. Nella stagione estiva va annaffiata regolarmente, poi è necessario diminuire l'apporto di acqua per non correre il rischio di far marcire i fusti. Sopporta bene temperature anche basse se l'umidità è moderata.
Il terriccio deve essere ben drenato, piuttosto ricco: dopo una concimazione all'inizio della primavera (per stimolare la produzione dei boccioli), la pianta andrebbe concimata una volta al mese durante tutta la fioritura, con un concime molto diluito.
È autosterile: si riproduce attraverso i numerosi polloni che emette.

Cephalocereus

È un cactus colonnare che nel suo habitat naturale può arrivare a un'altezza di 15 m (America centro-meridionale, soprattutto Brasile), con rami che crescono obliquamente dal fusto principale. Coltivato in interno può arrivare a un'altezza di 40 cm. Ha in genere 8 coste rilevate a margine acuto, areole molto lanose con ciuffi di spine gialline o brune, a volte nascoste dalla "capigliatura". Caratteristici di questo genere sono, infatti, i peli bianchi o grigi che ricoprono la pianta, particolarmente nella parte terminale o cefalio (da cui il nome che significa "cactus testa di vecchio"). Le piante sono a volte molto simili a quelle del genere *Espostoa*.

I fiori, che spuntano dal cefalio, hanno forma di tubo largo e peloso con breve corolla molto allungata. Durano solo per una notte; sviluppano frutti globosi rossi che seccando si aprono lasciando cadere semi neri.
I *Cephalocereus* fioriscono soltanto da adulti, e quindi, dal momento che hanno una cre-

scita lentissima, è quasi impossibile che ciò succeda in un vivaio.

Questi cactus richiedono molte ore di esposizione solare. Sopportano bene sia la calura estiva sia, in inverno, temperature basse, anche inferiori a 7 °C.
Le annaffiature devono essere piuttosto abbondanti d'estate, soprattutto se le piante sono esposte in pieno sole, poi quasi inesistenti d'inverno.

CEPHALOCEREUS SENILIS

È detto "testa di vecchio". Ha forma colonnare (ma può ramificare), spine gialle e lunghi peli bianco-grigiastri che coprono completamente il fusto. I fiori, come in tutti i Cephalocereus, spuntano nel cefalio, che è la chioma lanosa che ricopre l'apice della pianta.

C. senilis *viene comunemente chiamato "testa di vecchio" per l'effetto dato dalle setole biancastre, lunghe e sottili, che spuntano dalle areole insieme con le spine. Con la crescita la base della pianta perde le setole che rimangono però abbondanti sull'apice.*

CEPHALOCEREUS PALMERI

Pianta di colore verde-azzurro, con ramificazioni. Ha 7-8 coste poco rilevate, spine giallicce o nere e peli sottili, più fitti all'apice della pianta. I fiori, di forma tubolare, sono rosa.

Sono poche le piante appartenenti alla famiglia delle cactacee (nella fotografia a sinsitra, un ibrido di Echinopsis *conosciuto come haku-jo) che hanno un utilizzo pratico per l'uomo. Nei luoghi di origine i fusti possono venire a volte utilizzati come legname, mentre i frutti e la polpa di alcune specie sono commestibili (uno per tutti il fico d'India). È però difficile che per queste loro caratteristiche trovino impiego al di fuori delle zone di origine.*

Cereus

Una volta in questo genere venivano riunite tutte le cactacee a fusto allungato e coste spinose; in seguito molte piante vennero classificate in altri generi. Attualmente esso comprende una decina di piante a forma colonnare, ramificate dalla base, oppure a candelabro, con poche coste molto evidenti e orlate di spine.
Sono piante originarie dell'America centro-meridionale. Da noi vivono bene all'aperto nelle zone dove l'inverno è mite, e raggiungono altezze di 8-10 metri. A Montecarlo ve ne sono alcune ancora più alte: già famose all'inizio del secolo.
Per la loro rusticità, i *Cereus* vengono spesso impiegati come portainnesti.

C. philosophus

I fiori sono grandi, a forma di imbuto, di colore verde-rossiccio all'esterno e bianco all'interno. Si aprono solo di notte.

I *Cereus* vanno coltivati in pieno sole. Sopportano anche temperature basse, purché l'umidità sia moderata.
Si propagano per talea.

Varietà Monstruosus di C. peruvianus. *Il nome indica un fenomeno di mutazione del fusto che viene definito "fasciazione", e che non si presenta con la stessa facilità in tutte le specie di cactacee.*

CEREUS GIGANTEUS POI RIBATTEZZATO *CARNEGIEA GIGANTEA*

Pianta originaria dell'Arizona e del Messico settentrionale. Chiamato dai locali "saguaro", è un gigantesco cactus, con un fusto colonnare eretto che ramifica verso l'alto nella caratteristica forma a candelabro. Pur arrivando a 15 m di altezza, ha crescita lentissima: nei primi 10 anni di vita raggiunge poco più di 15 cm e impiega circa 150 anni a raggiungere la sua altezza massima. Incomincia a fiorire attorno ai 40 anni. Fusto e rami hanno da 12 a 30 coste, con areole ogni 2 cm che portano 12 spine radiali disposte a raggera e 3-6 centrali, lunghe fino a 7 cm. Le spine della parte vecchia della pianta sono grigiastre, mentre sui rami giovani sono brune o gialle. I fiori compaiono in primavera e in estate: sono imbutiformi, lunghi 10-12 cm, bianchi, prevalentemente notturni (si aprono la sera e si chiudono il pomeriggio del giorno seguente). I frutti sono rossi, ovoidali e commestibili.

CEREUS PERUVIANUS

Non è di origine peruviana, come sembra indicare il nome, ma bensì brasiliana. Di colore verde opaco, tendente al grigio o all'azzurro, ha 6-8 coste a margine vivo, sulle quali spuntano ciuffi di spine nere o brune lunghe 2-5 cm. I ciuffi di spine sono regolarmente distanziati di circa 2,5 cm. I fiori arrivano a 16 cm di diametro e sono leggermente profumati.
Esistono diverse forme cosiddette "mostruose" di *C. peruvianus*, sia piccole che grandi. Si tratta di un fenomeno di "degenerazione" del fusto (fasciazione) non ancora spiegato dai botanici, tuttavia divenute molto comuni e ricercate per l'aspetto particolare. Le coste si presentano infatti irregolari, interrotte, protuberanti, crestate, e danno a queste piante, fin da piccole, un aspetto tormentato che ben si inserisce nelle composizioni di piante grasse.

A sinistra, giovane esemplare di *C. giganteus* e, a destra, particolare di *C. peruvianus*.

CEREUS JAMACARU

Originario del Brasile. Di colore verde-azzurro, ha 4-6 coste sottili sul cui margine, abbastanza distanziate, si trovano le areole da cui partono ciuffi di 10-20 spine, le radiali più corte, le centrali più lunghe (in natura anche fino a 12 cm!).

Cleistocactus

Piante di origine sudamericana, longilinee, erette, possono ramificare dalla base e arrivano a un'altezza di quasi 2 metri. Hanno molte coste (circa 25) ricoperte da fitte spine sottili.

I fiori crescono lateralmente sul fusto, in prossimità dell'apice e hanno forma di tubo allungato, ricoperto di scaglie pelose, spesso curvato verso il basso, che si restringe all'apice invece di aprirsi, lasciando uscire i filamenti degli stami e il lungo stigma.

CLEISTOCACTUS STRAUSII

Il genere *Cleistocactus* comprende poco più di una decina di specie, delle quali la più coltivata è *C. strausii*.
Gli appartenenti a questa specie hanno fitte areole pelose e sottili spine bianche che si incrociano tra loro ricoprendo completamente la pianta. Il fusto è verde ma appare argentato a causa della copertura di spine bianche.
I fiori sono rossi, lunghi anche 8 cm, sottili.

CLEISTOCACTUS BAUMANNII

Pianta molto sottile, ricoperta da spine e peli giallastri. I fiori sono lunghi da 5 a 7 cm, di colore arancione.

I *Cleistocactus* amano la luce brillante e anche il sole diretto: d'estate stanno bene all'aperto quasi in pieno sole.
D'inverno la temperatura non deve scendere al di sotto dei 10 °C.
Nel periodo vegetativo hanno bisogno di fertilizzante a base di fosforo. La fioritura avviene solo nei soggetti adulti.

La fioritura interessa soltanto gli esemplari adulti di C. strausii *e può essere definita a dir poco "particolare". I fiori infatti spuntano nella parte alta del fusto con andamento orizzontale e hanno l'aspetto di un tubo cilindrico largo pochi millimetri, di colore rosso e peloso.*

Copiapoa

Originario del Cile, è un genere poco coltivato: si trova di solito nelle grandi collezioni dei giardini botanici. Dapprima di forma sferica, le piante crescendo divengono poi cilindriche. Hanno molte coste che formano protuberanze, a volte simili a tubercoli. L'apice è fittamente coperto di lana.

Il numero delle spine è variabile: a volte ne portano solo una centrale. Sono brune o nere (tendono a diventare grigiastre col tempo) dure e piuttosto lunghe.

I fiori sono imbutiformi, lunghi e larghi circa 3 cm, spuntano dalla lana che ricopre l'apice della pianta. Generalmente di colore giallo.

Tutti le specie appartenenti a questo genere temono il freddo, e vanno quindi lasciate in pieno sole durante l'estate e ricoverate in ambiente riscaldato durante l'inverno.

Si possono riprodurre sia da seme sia da pollone.

COPIAPOA CINEREA

Originaria delle coste cilene. Dapprima sferica, poi colonnare, nel suo habitat arriva a 1 m di altezza. Ha numerose costolature divise da incisioni che formano come dei tubercoli, ognuno dei quali è armato di una o più spine robuste (quella centrale più forte e più lunga) nere e grigie. La pianta è di colore verde pallido. I fiori, imbutiformi, sono gialli con sfumature rosse e ricoperti da scaglie pelose.
Vuole pieno sole, annaffiature abbondanti ma distanziate, calore invernale minimo 13-16 °C.

Tra le molte specie di Copiapoa *– che, ricordiamo, non sono di facile coltivazione – segnaliamo* C. maritima *(a fronte, in alto),* C. coquimbana *(a fronte, in basso) e* C. totoralensis *(in questa pagina a destra).*

Coriphantha

Originarie delle zone desertiche americane, sono simili alle *Mammillaria*; ne differiscono solo per il fatto che i fiori spuntano all'apice anziché attorno alla pianta.

I fiori sono caratterizzati dalla presenza di tubercoli più o meno pronunciati: ciascuno di essi reca un'areola con un ciuffo di spine, quasi sempre disposte in maniera simmetrica. I fiori sono generalmente gialli.

CORIPHANTHA CLAVATA

Pianta originaria delle zone desertiche degli Stati Uniti meridionali, a forma cilindrica più stretta in basso (clava). Alta fino a 30 cm, con tubercoli pronunciati e spine rosse o gialle. I fiori, gialli, sono grandi fino a 9 cm e sbocciano in estate.

Vuole molto sole e poche annaffiature. La temperatura non deve scendere sotto i 4 °C. Ha radici a fittone che scendono piuttosto in profondità, quindi necessita di contenitori adatti.

C. elephantipes *(in alto)* e C. scolymoides *(a sinistra)*.

Echinocactus

Chiamati comunemente "cactus barile", sono originari dei deserti del Messico e degli Stati Uniti sudoccidentali. Si tratta di piante globose o poco allungate, con molte coste ben evidenti. Le areole sono fittamente allineate sui margini delle coste e portano 6-10 spine lunghe e robuste, temibili.

I fiori spuntano a corona intorno all'apice.

Vogliono molto sole: tuttavia, se coltivate in vaso, è opportuno ripararle dal sole del mezzogiorno estivo perché potrebbero scottarsi. D'inverno la temperatura non deve scendere al di sotto dei 5 °C durante la notte. Da annaffiare in estate solo quando il terriccio è completamente secco. Non vanno bagnate nelle altre stagioni. Poco concime, molto diluito, a base di fosforo.

ECHINOCACTUS GRUSONII

Globoso, con molte coste rilevate e spine gialle (a destra; sopra, la varietà Nidus). L'apice della pianta, dove spuntano i fiori, è lanoso. I fiori spuntano a corona e sono di colore giallo, con tepali duri e appuntiti. Fioriscono soltanto le piante che hanno raggiunto la piena maturità: e dato che gli *Echinocactus* crescono molto lentamente, ciò avviene solo dopo molti anni. È una pianta molto resistente, se la si protegge dall'umidità eccessiva, e arriva a dimensioni notevoli (fino a 1-2 m di diametro e 90 cm di altezza).

Echinocereus

Provengono dal Messico e dagli Stati Uniti sudoccidentali. Sono piante piccole, generalmente molto accestite, a volte con rami striscianti; ma possono avere anche un solo fusto cilindrico e breve. Arrivano a un'altezza di 40 centimetri.

In questa pagina: esemplari di E. rigidissimus *(a destra) e di* E. sherii *(sotto). Pagina fronte:* E. pectinatus *(a sinistra) e* E. melanocentrus *(a destra).*

Gli *Echinocereus* fioriscono già a pochi anni dalla nascita, e hanno fiori grandi, colorati e a volte spettacolari.

Vogliono poca acqua e molto sole d'estate; pochissime annaffiature e poco caldo d'inverno. In primavera, per stimolare la produzione dei fiori, bisogna concimare con un concime ricco di fosforo ma molto diluito.
Si riproducono per talea (lasciare asciugare il taglio per qualche giorno), o per seme.

ECHINOCEREUS PECTINATUS

Pianta a fusto generalmente semplice (ma può presentarsi anche a cespi oppure ramificata), cilindrico, piuttosto tozzo, alto 10-15 cm (in natura arriva anche a 30 cm).
Presenta coste diritte che mostrano file regolari di areole con spine radiali disposte in modo simmetrico, cosa che le conferisce un aspetto caratteristico. Le spine hanno colori che variano dal bianco al rosa, al rosso violaceo, e spesso cambiano colore secondo la stagione. Produce grandi fiori rosa intenso, lucidi e profumati, che possono arrivare a 8 cm di diametro.

ECHINOCEREUS ENGELMANNII

Pianta cespitosa, produce gruppi di numerosi fusti che arrivano a un'altezza di 25 cm (diametro 5 cm), con numerose coste coperte di lunghe spine acuminate (ma non grosse e diritte come gli *Echinocactus*) di colore bianco, giallo e rosa. I fiori sono color rosso porpora e hanno un diametro di 7 centimetri.

Echinofossulocactus
DETTO ANCHE Stenocactus

Originaria delle montagne del Messico, è una pianta di forma globosa, piuttosto piccola (arriva fino a 15 cm), caratterizzata da molte coste rilevate, sottili e ondulate (queste ondulazioni costituiscono la caratteristica peculiare degli *Echinofossulocactus*).
Le areole sono piuttosto rade, si trovano sulle creste delle coste e presentano spine di diverso tipo anche sulla stessa pianta: generalmente sono chiare, lunghe, leggermente ricurve. Quelle radiali, in numero variabile, sono più sottili. Quelle centrali sono più lunghe e dure, spesso appiattite a forma di spada.

Negli *Echinofossulocactus*, i fiori spuntano all'apice della pianta e sono bianchi, con i sepali eretti.

Sono cactus che vogliono un'esposizione soleggiata e molte ore di luce anche d'inverno. Temono l'umidità e le basse temperature.
Si riproducono da seme o per polloni.

Echinopsis

Piante sudamericane (Bolivia, Argentina e Brasile) con fusti globosi che tendono a diventare cilindrici con la crescita; coste diritte, con areole lanose piuttosto rade sui margini, dalle quali spuntano ciuffi di 10-15 spine diritte, con le punte brune. Arrivano a 25-30 cm di altezza.

Fin da giovani gli *Echinopsis* producono fiori imbutiformi bianchi o rosa, molto lunghi e grandi, a volte profumati, che si aprono di notte e durano solo il giorno seguente. La pianta fiorisce però dalla primavera per tutta l'estate.

È un cactus delle zone aride, quindi richiede posizione molto soleggiata e annaffiature diradate. Ha bisogno di un periodo di riposo invernale con temperature fra i 4 e i 18 °C e pochissima acqua. Dopo questo periodo, all'arrivo della primavera, va concimato con un concime per cactus, per stimolare la produzione dei boccioli. Si riproduce grazie ai numerosi polloni che si formano alla base del fusto (come nell'esemplare di *E. spinosus* nella fotografia a sinistra).
Si riproduce da seme o da talea.

Epiphyllum

Si tratta di piante ibride, selezionate dai coltivatori incrociando i cactus del genere *Epiphyllum* con epifiti della foresta umida sudamericana, molto delicati e inadatti al clima delle serre di piante grasse.
Sono piante cespitose, che presentano fusti cerosi, piatti o ritorti, simili a foglie spesse e allungate (da cui l'altro nome con cui sono conosciuti, *Phyllocactus*, cioè "cactus foglia"). I fusti, non sempre eretti ma anche ricadenti, sono lunghi fino a 90 cm e presentano margini dentellati o crestati, nei quali si trovano le areole lanose, con poche spine setolose o anche senza. Le areole sono piuttosto rade.

Gli *Epiphyllum* sono molto coltivati per la loro abbondante fioritura (ne è esempio l'immagine di *E. ackermannii* di questa pagina).

Preferiscono la luce solare indiretta o filtrata e non tollerano le basse temperature. Il terriccio deve essere ricco e sempre umido, diversamente dalla maggior parte delle piante grasse, che anche d'estate vanno annaffiate soltanto quando il terriccio è ormai secco.
Hanno bisogno di un periodo di relativo riposo invernale, poi, quando cominciano a emettere i boccioli, vanno concimati regolarmente.
Si propagano per talea.

EPIPHYLLUM ACKERMANNII

Porta sulle due coste numerosi fiori a forma di imbuto di color rosso cremisi. I petali, irregolari, si aprono a tromba e sono lunghi fino a 20 cm. La pianta fiorisce a intermittenza, anche per tutto l'anno.

Espostoa

Piante originarie dei monti del Perù e della Bolivia, erette, semplici o ramificate, generalmente rastremate verso il basso. Hanno coste numerose e poco evidenti, fittamente punteggiate di areole da cui spuntano numerose spine morbide e setose; sono ricoperte da lunghi peli bianchi e molli, che conferiscono loro un aspetto lanoso. Sotto i peli, il fusto è verde.

A volte la spina centrale è diritta e lunga, e spunta dai peli. Altre volte resta nascosta nella "capigliatura". In alcune specie i peli si trovano solo nel cefalio, che compare su un lato del fusto vicino all'apice (*E. ritteri*).

I fiori che spuntano lateralmente, in un *cephalium* dove le setole sono ancora più lunghe e fitte; sono a forma di campanule con il tubo molto allungato (circa 5 cm).

Nel loro habitat le *Espostoa* arrivano a 4 m di altezza; coltivate raggiungono, da adulte, 90 cm circa.

Le *Espostoa* crescono bene sia in pieno sole sia riparate. Hanno bisogno però ogni giorno di molte ore di luce brillante.

D'inverno la temperatura non deve scendere al di sotto dei 7 °C di notte, e di giorno dovrebbe restare sui 15 °C.

Annaffiare con precauzione. Interrompere le somministrazioni di acqua durante l'inverno.

I fusti di E. melanostele *(che possono raggiungere anche i 2 m di altezza) sono ricoperti da una fitta lanugine bianca.*

ESPOSTOA LANATA

Ha spine radiali gialle; quelle centrali, che spuntano dall'areola, sporgono oltre la "capigliatura" lanosa della pianta. Si può confondere con *Cephalocereus senilis*. Fiorisce raramente in coltivazione: i fiori, bianchi e lunghi circa 5 cm, sono notturni.

In questa pagina: E. lanata *(in alto a destra)*, E. laticornua *(in basso a destra)* ed E. mirabilis *(a sinistra)*. *Difficilmente gli esemplari appartenenti a questo genere fioriscono se coltivati in casa.*

Ferocactus

Piante originarie dei deserti del Messico e degli Stati Uniti sudoccidentali. Classificate prima nel genere *Echinocactus*, ne sono state estrapolate perché si sono riscontrate alcune differenze nel fiore e nel frutto.
Sono piante di forma globosa, tendente al cilindrico con la crescita, che possono arrivare a dimensioni considerevoli: nel loro habitat raggiungono i 3 m di altezza, con un diametro fino a 60 cm. Le areole sono dotate di numerosissime spine appuntite, grosse e ricurve, spesso colorate. La spina centrale è a volte uncinata.

I fiori spuntano all'apice della pianta. In genere si consiglia di mantenerle in vasi di 12 cm di diametro massimo, se si desidera godere della loro fioritura.

Non sono piante difficili da coltivare, se vengono a lungo esposte alla luce solare e se si osservano le precauzioni comuni alla coltivazione di tutte le cactacee originarie delle regioni desertiche. Quindi quasi niente acqua in autunno e inverno (e anche nelle altre stagioni annaffiare sol-

FEROCACTUS HAMATACANTHUS

Ha fusto globoso che con l'età si allunga (la crescita però è molto lenta). Le spine radiali sono lunghe 5-7 cm; quelle centrali 10-12 cm; allo stato selvatico arrivano fino a 15 cm. La spina più lunga è uncinata. Le spine possono essere cilindriche o appiattite, e sono di colore grigio o bruno.

tanto quando il terriccio è ben secco) e poche concimazioni, con concime molto diluito, nel periodo vegetativo.
Tuttavia, pur con tutte le attenzioni, queste piante crescono bene soltanto nel loro habitat naturale: raramente arrivano a fiorire nel nostro clima, dal momento che la loro crescita è lentissima e che non producono fiori finché non arrivano ad almeno 30 cm di altezza.
Si propaga da seme.

Esemplari di F. latispinus *(a fronte, in alto)* *e* F. towsedianus *(sopra).*

FEROCACTUS ACANTHODES

Ha forma colonnare (allo stato selvatico arriva ad altezze di 2-3 m con diametro di 30 cm; coltivata, raramente arriva a 30 cm, che è l'altezza minima per la fioritura). Ha grosse spine che vanno dal rosa al rosso brillante. La spina apicale dell'areola è uncinata. I fiori sono gialli o arancio.

Sotto: F. glaucescens *(a sinistra)* *e* F. stainesii *(a destra).*

Gymnocalycium

Diffuse in Argentina, Uruguay, Paraguay e Brasile meridionale, sono piante che in natura possono diventare anche piuttosto grosse, mentre, se coltivate, rimangono di piccole dimensioni (diametro fino a 15 cm). Hanno forma globosa con coste sporgenti e arrotondate; sono caratterizzate (quando non sono fiorite) da un solco che forma una specie di gibbosità sotto ogni areola. I solchi possono essere regolari o irregolari, formando gibbosità arrotondate (come in *G. saglionis*, nella fotografia), a volte tubercoli, a volte creste e ondulazioni trasversali. Le spine sono generalmente curve, brevi o anche lunghe (in rapporto alle dimensioni della pianta).

I fiori sono grandi, rosati o a volte gialli, caratterizzati da un tubo liscio o ricoperto di squame morbide. Spuntano in primavera.

Fioriscono facilmente anche in interno se gli si assicurano almeno quattro ore al giorno di luce solare diretta o comunque molte ore di luce brillante.
Nelle notti invernali, la temperatura non deve scendere al di sotto dei 10 °C. Una sola concimazione all'anno, con un fertilizzante per cactus.
Temono l'umidità eccessiva e sono piuttosto delicate: per questo vengono spesso coltivate su portainnesti (di solito del genere *Cereus*), specialmente nelle varietà colorate.

GYMNOCALYCIUM DENUDATUM

È una pianta globosa, depressa al centro, di colore verde scuro. Ha 5-7 coste arrotondate. Dalle areole spuntano spine radiali gialle, lunghe e curve, simili a zampe di ragni. I fiori sono bianchi o rosa pallido.

GYMNOCALYCIUM MIHANOWICHII

È un cactus molto piccolo (diametro 4-5 cm), di colore verde-rossiccio, con 8 coste e sottili striature trasversali. Spine lunghe (1 cm), ricurve. I fiori sono lunghi circa 4 cm, a forma di imbuto di colore giallo-verdino con sfumature rosa. Originario del Paraguay. Molto diffuse le varietà prive di clorofilla, di colore giallo vivo o rosso (il cosiddetto cactus fragola), che per vivere devono essere innestate su soggetti verdi e robusti. Queste piante restano comunque molto delicate: per vivere (e mantenere inalterati i loro colori) hanno bisogno di molta luce diretta. D'estate però temono il sole troppo forte.

Leuchtenbergia

Genere originario del Messico, di cui si conosce una sola specie, *L. principis*.
È una pianta molto particolare, diversa nell'aspetto dalla maggior parte delle altre cactacee. Ha una grossa radice a fittone da cui si diparte una rosetta di tubercoli triangolari e allungati (fino a 10-12 cm) simili alle foglie delle agavi, di portamento eretto.
I tubercoli, di colore verde-azzurro, hanno apici rossastri che recano, al posto della punta, un'areola con un ciuffo di lunghe spine appiattite e contorte, galline o biancastre.

LEUCHTENBERGIA PRINCIPIS

È l'unica specie appartenente a questo genere. Caratterizzata da una grossa radice a fittone e da un fusto cilindrico che invecchiando diviene spoglio e suberoso alla base.
Ricorda nella forma un *Agave* in miniatura (solo raramente infatti alcuni esemplari hanno raggiunto i 50 cm di altezza).

Dopo qualche anno spuntano al centro della pianta, dai tubercoli più giovani, grandi fiori lucenti color giallo limone, profumati. Le piante più vecchie arrivano a 50 cm di altezza.

Necessita di un'esposizione ben soleggiata e annaffiature distanziate. In inverno andrebbe tenuta al fresco e bagnata il minimo indispensabile perché non appassisca. È necessario ripararla dal gelo, ma sopporta temperature piuttosto basse.
Ha bisogno di vasi adatti a contenere la sua grossa radice. Le piante, se ben attecchite, vanno concimate una volta l'anno, in primavera.
Si moltiplica da seme o da polloni; da talea è possibile ma alquanto difficile.

Lobivia

Il nome è un anagramma di Bolivia, il paese da cui provengono (ma si trovano anche in altre regioni montuose dell'America meridionale). Sono piante piuttosto piccole (diametro fino a 15 cm), globose o cilindriche, con diverse costolature fittamente ricoperte di spine. Hanno di solito un unico fusto, circondato da numerosi polloni.

I fiori sono colorati e molto grandi (anche 10 cm di diametro), sorretti da un tubo non molto lungo.

È un genere di facile coltivazione: queste piante sopportano infatti temperature invernali piuttosto basse (non inferiori però a 2 °C), purché le si ripari dall'umidità.
D'estate hanno bisogno di molta luce ma è meglio filtrare i raggi troppo forti del sole. Devono essere annaffiate solo quando il terriccio è asciutto, facendo attenzione a non creare ristagni d'acqua. In inverno necessitano di un periodo di riposo vegetativo, in ambiente asciutto e fresco (sotto i 18 °C). Andrebbero rinvasate ogni anno e concimate regolarmente in estate con sali di fosforo molto diluiti. Fioriscono durante tutta la stagione estiva.

Alcune delle più diffuse specie di Lobivia*:*
L. mistiensis *(in alto)*, L. ferox *(a sinistra)*
e L. densispina *riprodotta con innesto (sotto).*

Mammillaria

È un vasto genere che riunisce centinaia di specie originarie del Messico e degli Stati Uniti sudoccidentali; alcune si trovano anche in America meridionale. Tra loro presentano caratteristiche anche molto diverse: il fusto può essere globoso o cilindrico, unico o formare cespi fittissimi. Le *Mammillaria* sono caratterizzate dalla presenza di tubercoli che portano le spine all'apice. Non hanno coste e i fiori spuntano dall'ascella invece che dall'areola; generalmente sono disposti a ghirlanda attorno all'apice della pianta e, per la precisione, spuntano dove termina la vegetazione vecchia e inizia quella nuova.

Le *Mammillaria* fioriscono fin dai primi anni di vita. Producono frutti rossi e lucenti che restano sulla pianta per molto tempo.

La coltivazione delle *Mammillaria* è abbastanza semplice: richiedono posizione soleggiata, annaffiature distanziate. È meglio ripararle dal sole cocente delle giornate estive più calde.
D'inverno hanno bisogno di un periodo di riposo con temperature fra i 10 e i 15 °C. Sopportano anche temperature più basse (non meno però di 4 °C) se tenute all'asciutto. Sui 15 °C vanno bagnate ogni tanto.
Appena invasate, le piante non vanno fertilizzate. Concimatele solo una volta all'anno, in primavera, con un fertilizzante per cactus (ricco di fosforo).
La moltiplicazione si effettua per seme o per divisione dei polloni che si formano alla base delle piante.
È necessario difenderle dall'infestazione del ragnetto rosso.

Gli esemplari del genere Mammillaria *tendono a crescere verso la luce. Girate quindi spesso il vaso in modo che non assumano un portamento eccessivamente obliquo.*

MAMMILLARIA BOCASANA

È una delle *Mammillaria* più coltivate. Piccola (diametro 5 cm), di colore verde-azzurro, ha forma globosa o oblunga, con tubercoli piuttosto sottili, recanti dei ciuffi di spine seriche bianche che hanno al centro una spina uncinata rossa o gialla. Fiori giallo-rosa.
Sopporta bene il freddo, purché lasciata asciutta.

MAMMILLARIA CANDIDA

Pianta di forma globosa, diametro 7-8 cm, di colore verde-azzurro, ricoperta da spine bianche fittissime, che spuntano sui tubercoli disposti a spirale (fotografia a destra). I fiori sono rosa.

Anche tra le Mammillaria *si hanno spesso fenomeni di "fasciazione", le piante crescono cioè con forme anomale per cui il fusto si allarga e assume una struttura a ventaglio. La causa di queste mutazioni non è ancora certa.*
Il fenomeno può trasmettersi geneticamente o no e, comunque, queste varietà (dette "mostruose") vengono considerate di grande interesse tra gli amatori.

Sotto: M. karwinskiana *(a sinistra)* e M. magnifica *(a destra).*

MAMMILLARIA GRACILIS

Pianta piccola, con fusti cilindrici di 10 cm, molto accestita e ramificata. I fusti giovani sono spesso contorti e prostrati. Spine radiali disposte a stella, bianche; quelle centrali più lunghe e brune. I fiori sono color giallo pallido, piuttosto grandi.

MAMMILLARIA HAHNIANA

Sferica, con diametro di 6-9 cm, tende a produrre polloni. Ricoperta da peli bianchi folti come una capigliatura e da spine anch'esse bianche. I tubercoli hanno forma conica. I fiori sono generalmente rossi (o bianchi sfumati di rosso) e spuntano in primavera.
La pianta è molto suggestiva ed è facile da tenere. Al sole la capigliatura diventa più fitta.

MAMMILLARIA PARKINSONII

Ovoidale, cespitosa, ha fusti più grandi della maggior parte delle *Mammillaria* (arrivano a un diametro di 7 cm per un'altezza di 15 cm). I tubercoli sono disposti in maniera regolare. Le spine sono bianche con la punta scura. I fiori sono gialli o rosati.

MAMMILLARIA PLUMOSA

Di forma sferica, forma grandi gruppi che si presentano ricoperti da una fitta peluria di spine bianche, morbide e corte: ogni areola ne porta circa quaranta. È una pianta piuttosto delicata.

MAMMILLARIA RHODANTHA

Inizialmente globosa, cresce con forma cilindrica. È una delle *Mammillaria* più grandi: arriva a un'altezza di 30 cm (diametro 8 cm). Spine bianche, gialline o a volte rosse, quelle centrali più lunghe e un po' curve. I fiori sono di un bel colore rosso-rosa.

MAMMILLARIA ZEILMANNIANA

In genere ha fusto semplice, globoso o brevemente cilindrico, ma può anche formare cespi. Presenta fitti tubercoli che portano molte spine radiali bianche e 4 spine centrali rosso-brune, di cui una (quella inferiore) uncinata. I fiori sono di color rosa-porpora, con i tepali di forma stretta e appuntita.
È una pianta molto fiorifera, ma purtroppo delicata.

Matucana

Originarie del Perù, sono piante la cui scoperta è relativamente recente. Piuttosto piccole, sferiche, sono caratterizzate da costolature segmentate in tubercoli e con fitte spine lunghe, setolose.

Un tempo veniva considerato tutt'uno con il genere *Echinocactus* ed è facile incontarre ancora questo tipo di classificazione. Nel loro ambiente naturale crescono tra le rocce.

A destra: M. weberbaueri *è l'unica specie tra quelle appartenenti a questo genere a produrre fiori di colore giallo anziché rosso o viola.*

Sotto: M. madissoniorum *(in basso a destra)* *e* M. purpureo-alba *(in basso a sinistra).*

I fiori spuntano all'apice e sono lunghi, tubolari, con corolle scarlatte che si aprono a tromba.

Sono piante andine, quindi difficili da coltivare in appartamento. Sopportano il freddo, purché asciutto, e patiscono il caldo sole estivo.
Si riproducono per seme.

Melocactus

Sono piante provenienti dall'America meridionale tropicale. Hanno forma globulare o colonnare, con coste molto sporgenti e areole non fitte, da cui spuntano robuste spine.

La loro caratteristica è il cefalio che si forma all'apice della pianta quando questa raggiunge la maturità e inizia a fiorire: a questo punto il fusto non cresce più, mentre cresce il cefalio (fotografia a destra), simile a un copricapo, formato da tubercoli piccoli e fittissimi, ricoperti di spine e di peli tra i quali spuntano piccoli fiori rossi, che producono frutti pure rossi.

I *Melocactus* sono piuttosto difficili da tenere, perché necessitano della luce diretta del sole (oppure 12-16 ore al giorno di luce artificiale intensa). Inoltre, non sopportano il freddo: la temperatura dovrebbe rimanere costante tra i 18 °C e i 30 °C.
Le piante ancora senza cefalio vanno concimate una volta all'anno, in primavera; quelle che hanno il cefalio, invece, andrebbero nutrite ogni due mesi nella stagione estiva, per aiutare le piante a fiorire.
Si propaga da seme.

In questa pagina: M. warasii *(a destra, in alto)*, M. nerii *(a destra, in basso) e* M. longispinus *(sotto), tutte con evidente cefalio.*

Difficilmente i Melocactus *di importazione riescono ad ambientarsi e a sopravvivere. La riproduzione di queste piantine è però facile e veloce.*

Myrtillocactus

Genere con una sola specie: *M. geometrizans*. Pianta originaria del Messico, dove ha l'aspetto di un albero con fusto breve e centinaia di ramificazioni, raggiunge un'altezza di 4 metri. Coltivata in vaso ramifica molto meno, raggiunge al massimo un'altezza di 1,5 m e difficilmente fiorisce.
Ha fusti lisci, di colore verde-azzurro, con 5-6 coste sulle quali le areole compaiono distanziate e con spine brevissime, appena un paio di millimetri. La parte vecchia del fusto e dei rami diventa verde con il passare del tempo.

Produce piccoli fiori bianchi e profumati che spuntano fitti sulla cima dei rami più giovani, e frutti commestibili simili a mirtilli. Viene spesso usata come portainnesti.

Marcisce facilmente: quindi, d'inverno, è necessario proteggerla dall'umidità atmosferica. Gradisce la luce diretta del sole e va bagnata solo quando il terriccio è secco. Dall'autunno alla primavera bagnare solo se la pianta appassisce. Temperature: dai 10 °C ai 30 °C. Concimare una volta l'anno, in primavera. Non concimare le piante appena invasate.

Esemplare adulto di M. geometrizans *produce frutti commestibili simili a quelli del mirtillo; in Messico si possono a volte trovare in commercio con il nome di* garambullos.

Neoporteria

Piccole piante cilene, di origine andina. Hanno fusto di forma globulare che si sviluppa diventando cilindrico (fino a un'altezza massima di 25 cm), con coste diritte e rilievi da cui si dipartono ciuffi di spine quasi sempre molto lunghe e morbide.

All'apice della pianta spuntano fiori generalmente multipli, rossi, rosa o gialli a forma di tubo con molti petali appuntiti che si incurvano in fuori. Fioriscono in autunno.

Le specie appartenenti a questo genere hanno numerose e grosse spine, che crescono allungate e "arruffate" spesso rendendo poco chiara la reale forma del fusto.

Sotto: esemplare adulto di N. nigrihorrida.

Sono piante delicate: sopportano bene temperature piuttosto basse (4-7 °C), ma solo se l'umidità è scarsa.
Hanno bisogno di essere posizionate in modo da godere di una buona luminosità, tuttavia è meglio filtrare la luce diretta del sole.

Sopra: un esemplare di N. clavata *in fase di fioritura. Malgrado la loro coltivazione in casa non sia ancora molto diffusa, le* Neoporteria *sono in tutto e per tutto cactus in miniatura, molto decorativi sia per la fioritura sia per le caratteristiche lunghe spine.*

NEOPORTERIA NIDUS o N. SENILIS

Altezza 7,5 cm, diametro 6 cm. Ha 16-18 coste con areole disposte in modo regolare, da cui spuntano numerose spine morbide, lunghe fino a 3 cm e di colore chiaro, che ricoprono fittamente il fusto.
I fiori sono multipli, lunghi anche 7,5 cm, bianchi con le punte rosate.
Si riproducono dal seme.

NEOPORTERIA GEROCEPHALA

I fusti, che come nelle altre appartenenti a questo genere, da sferici divengono allungati con l'età sono ricoperte da numerose spine grosse e setolose che nella fase giovanile sono di colore scuro e poi più chiare con l'età. I fiori, molto belli, spuntano all'apice dei fusti e sono di colore rosa, con una sfumatura gialla alla base. In genere ha crescita lenta che solitamente viene "accellerata" tramite innesto.

Due varietà di N. gerocephala *ottenute per innesto: la Noir (a sinistra) e la Jaune (a destra).*

Notocactus

Piante provenienti dalle praterie sudamericane, sono globulari e poi cilindriche col passare degli anni. Hanno le spine di colori diversi, spesso quelle centrali di spessore e colore differente da quelle radiali. Le spine sono setolose o dure, diritte o curve, più o meno numerose ma sempre lunghe.

I fiori, che spuntano per tutta l'estate all'apice della pianta, sono alti e grandi, di colori fiammanti (più spesso gialli, con sfumature rosse). Alcune specie fioriscono già dopo pochi anni; altre impiegano molto tempo.

N. scopa *varietà Ramosa, di facile coltivazione, viene considerato il bello tra i cactus di questo genere.*

I *Notocactus* gradiscono diverse ore al giorno di luce solare diretta ma è meglio proteggerli dal sole cocente. Sopportano bene le basse temperature (non meno però di 4 °C), ma non tollerano l'umidità eccessiva. D'inverno bisogna annaffiarli solo quel tanto che basta a non farli avvizzire.
Si riproducono per talea, per seme o per polloni.

I Notocactus *(a destra,* N. buiningii*) si coltivano facilmente anche in appartamento perché, a differenza delle altre cactacee, non abbisognano di un periodo di riposo invernale.*

NOTOCACTUS LENINGHAUSII

Di forma cilindrica (globulare quando la pianta è piccola), diametro 5-6 cm (fotografia a sinistra). Circa 30 coste, con areole lanuginose da cui spuntano le spine bianco-gialle, morbide, lunghe (soprattutto quelle centrali), orientate verso il basso. I fiori sono grandi e gialli. Fiorisce quando raggiunge i 20 cm di altezza, il che avviene dopo diversi anni.

NOTOCACTUS HASELBERGII

Pianta globosa, arriva a un diametro di 12 cm, con circa 30 coste disposte a spirale e divise in piccole protuberanze da cui spuntano ciuffi di spine bianco-gialle morbide, che si incrociano e ricoprono praticamente il fusto. I fiori, lunghi un paio di centimetri, sono di colore rosso-arancione e durano a lungo.

N. roseolutescens, *così come i suoi congeneri, vegeta meglio in posizioni semiombrose e necessita di un'umidità costante del terriccio (temono però i ristagni di acqua, quindi utilizzate sottovasi, riempiendoli eventualmente con della ghiaia).*

NOTOCACTUS SCOPA

Brevemente cilindrico o globulare, con circa 30 coste con fitte areole lanuginose ben allineate, bianche, da cui spuntano ciuffi di spine bianche corte e morbide, che circondano una spina centrale più lunga e acuminata, a volte scura o colorata. I fiori sono gialli. Dei *Notocactus* è quello più bello e più facile da tenere. Molto conosciuta la varietà Ruberrimus, bruna con spine centrali rosse (nella fotografia a sinistra, invece, la varietà Cristata).

In genere, si usa innestare le varietà più delicate di Notocactus *(vedi fotografia in alto) per ottenere esemplari robusti e a crescita più veloce.*

A destra: piccolo esemplare di N. ottonis. *Questa specie produce fiori gialli di 5-6 cm di diametro, con stimma rosso.*

Opuntia

Genere che comprende una grande varietà di piante diffuse in tutta l'America, sia settentrionale sia meridionale, tipiche delle zone desertiche. Possono avere dimensioni notevoli, arrivando a essere alte anche 6 m. Altre specie hanno invece rami striscianti alti poche decine di centimetri.

Presentano rami cilindrici o globosi, più spesso appiattiti a forma di pale (dette articoli). Le areole sono disseminate qua e là sui rami, e oltre alle spine, sono provviste di glochidi, i piccolissimi e fastidiosissimi aculei dotati di microscopici denti (come un amo o una fiocina) che restano conficcati nella pelle e che è difficilissimo estrarre.

Il genere, essendo molto vasto – tanto da comprendere piante di vario aspetto (dai piccoli arbusti striscianti, ai fitti cespugli ramificati, fino alle grandi specie arborescenti) –, è stato diviso in diversi sottogeneri, secondo la forma del fusto e delle spine.

I fiori delle *Opuntia* hanno forma di ruota e colori brillanti. Producono frutti spesso commestibili (il fico d'India è uno di questi).

Le specie appartenenti al genere Opuntia *sono circa un centinaio e si suddividono a seconda del tipo di fusto e di spine.*

Essendo piante originarie delle zone aride, vivono bene all'aperto nei luoghi dove la temperatura non scende al di sotto dei 4 °C.
In interno è necessario assicurare loro molte ore di luce brillante; tuttavia crescono bene solo se possono godere per alcune ore al giorno della luce diretta del sole. È necessario proteggerle dall'umidità.
Concimare una sola volta all'anno, in primavera.
Si moltiplica per talea.

Fiore di O. ficus-indica, *specie importata dall'America dopo la sua scoperta e che si è perfettamente naturalizzata nelle regioni dell'Italia meridionale.*

OPUNTIA MICRODASYS

È uno dei cactus coltivati più comunemente. Nel suo habitat (Messico) forma cespugli alti fino a 1 m, coltivato resta più piccolo.
I suoi cespi di piccole pale, alti al massimo 60 cm, formano un contrasto molto efficace con le altre cactacee globose o colonnari nelle composizioni di piante grasse.
Di colore verde chiaro, non ha spine, ma è ugualmente protetto, essendo ricoperto da ciuffi di glochidi gialli o bianchi.

Di O. microdasys *si trovano in commercio numerose varietà (a destra l'Alpispina con glochidi bianchi).*

OPUNTIA BIGELOWII

Pianta eretta, con fusti cilindrici, molto ramosa e di aspetto caratteristico. Ha un fusto centrale che col tempo diventa simile a un tronco, dal quale si dipartono lateralmente numerosi rami ricoperti di tubercoli. All'apice dei tubercoli si trovano molte spine e glochidi che spuntano da guaine membranose gialle. Le spine sono chiare, dure, lunghe fino a 4 cm, e diventano nere man mano che il ramo invecchia. I fiori possono essere di vari colori: dal bianco al giallino fino al rosso-viola. I frutti sono gialli.

OPUNTIA FICUS-INDICA (FICO D'INDIA)

Originario del Messico, è un cactus naturalizzato nelle regioni meridionali italiane, in Sudafrica e in tutte le regioni sub-tropicali. Ha forma di cespo o di albero con grandi rami piatti di forma ovale (le cosiddette pale), cosparsi di areole con poche spine ma ricoperti di glochidi. Anche i frutti (di colore giallo o rosso, dolcissimi) sono ricoperti di glochidi e spine. I fiori sono gialli, grandi, molto decorativi. La pianta può formare cespugli arborescenti con tronchi legnosi, alti fino a 5 metri.

I frutti di O. ficus-indica, *particolarmente ornamentali oltre che buoni.*

Il genere Opuntia *è il più grande e il più diffuso delle cactacee. I due esemplari (a destra e a sinistra) sono esempio della varietà di forme che esso assume.*

Oreocereus

Originari delle Ande, i “cactus di montagna” sono piante piuttosto piccole (fino a 1 m), erette, colonnari o cespitose. Hanno 10-15 coste che presentano ingrossamenti in corrispondenza delle areole. Sono caratterizzati da lunghi peli biancastri che ricoprono come una pelliccia più o meno fitta la pianta, soprattutto nella parte superiore. Dalla peluria spuntano forti spine giallastre.

I fiori spuntano presso l’apice e sono generalmente rossi.

Sopportano temperature molto basse ma non l’umidità. Hanno bisogno di molta luce brillante e anche del sole diretto (ma non d’estate). Annaffiateli poco (quasi nulla) durante la stagione invernale e mantenetelì appena umidi durante i mesi più caldi. Per una buona crescita, è necessario rinvasare ogni anno le piante giovani.

Effettuate soltanto concimazioni annuali con farina d’ossa, altrimenti rischiano di diventare particolarmente delicati.
Si riproducono per talea o per seme.

Alcuni studiosi considerano O. trolii *(nella fotografia in alto) una sottospecie di* O. celsianus *(a sinistra). Se ne differenzia per essere più peloso (soprattutto all’apice dei fusti) e con spine più sottili.*

OREOCEREUS CELSIANUS

Pianta colonnare, ricoperta di peli bianchi (solo di recente ne sono state scoperte anche varietà con peli biondi) più o meno fitti, con spine gialle o rosse, dure, che spuntano dalla peluria.

Parodia

Piante originarie delle pianure del Sudamerica, piccole e semplici, di forma sferica o cilindrica. Ricoperte da tubercoli disposti in file regolari o più spesso a spirale, che portano all'apice le areole lanuginose con un ciuffo di spine.

Fioriscono già dopo 2 o 3 anni, quando le piante sono ancora piccole; i fiori, che spuntano all'apice, sono numerosi, grandi e con colori brillanti.

Le *Parodia* sono di facile coltivazione: per fare una bella fioritura ha bisogno di temperature piuttosto basse in inverno (4-18 °C) e pochissime (o nessuna) annaffiature. Il riposo invernale serve infatti alla pianta per raccogliere nuove energie dopo il precedente periodo vegetativo, ed emettere le nuove gemme.
Con il caldo deve essere mantenuta piuttosto umida, con terriccio soffice e fresco. In primavera concimare con un concime per cactus (ricco di fosforo) molto diluito e poi esporre al sole. Durante l'estate il terriccio va mantenuto un po' umido, facendo attenzione che il drenaggio sia sempre ottimale.
I rinvasi non vanno eseguiti ogni anno, ma solo quando è proprio necessario, in autunno o inverno.
Si riproducono per seme, raramente per polloni.

Le Parodia *hanno piuttosto successo come piante ornamentali sia per le lunghe spine sia per i grandi fiori che si formano anche su esemplari giovani.*

PARODIA SANGUINIFLORA

Di forma sferica (diametro 10 cm), con fitte areole le cui spine radiali sono bianche e setolose, mentre le centrali sono brune o rossicce, più forti. Produce fiori rosso sangue, lucenti, del diametro di 4 centimetri.

Pereskia

Originarie dell'America tropicale, non sembrano piante grasse: hanno un caratteristico aspetto arborescente o arbustivo, con foglie e fiori molto simili a rose.
Sul fusto, però, le areole da cui spuntano ciuffi di spine permettono di riconoscerle come cactacee di forma primitiva.

A fine estate emettono fiori bianchi, rosati o giallini, profumati e a forma di rosa canina, del diametro di 3-4 cm. I frutti sono bacche gialle spinose, commestibili.

Hanno bisogno di luce brillante ma è meglio filtrare i raggi diretti del sole. D'estate il terriccio deve restare sempre leggermente umido, anche se mai fradicio. In primavera e autunno è meglio lasciarlo asciugare bene tra un'annaffiatura e l'altra. D'inverno si bagna solo il necessario per non far seccare la pianta. Temperature: inverno 10-18 °C; estate 18-29 °C.
Concimazione annuale, molto diluita. Si propaga per talea.

Rebutia

Originarie delle zone montuose della Bolivia e dell'Argentina, le *Rebutia* sono piante in genere molto piccole (arrivano al massimo a 7 cm di diametro), caratterizzate dalla forma globosa e cespitosa. I piccoli fusti sferici sono coperti di tubercoli disposti a spirale, con spine sottili.

Dall'inizio della primavera e per tutta l'estate produce un'abbondante fioritura, con fiori lunghi e grandi di colori brillanti (generalmente rossi o arancioni), che spuntano dalla base del fusto.

Facilmente le Rebutia *fioriscano già a un anno di vita.*

Non vive per molti anni, ma produce numerosi polloni che assicurano la continuità della pianta.

Le *Rebutia* gradiscono la luce del sole ma è meglio ripararle dal sole cocente dell'estate. Nella stagione calda abbisognano di annaffiature regolari e piuttosto abbondanti.
Dopo la fioritura necessitano di un periodo di riposo, in un clima fresco (4-18 °C) e asciutto, ben aerato. Solo quando spuntano i boccioli si possono portare al sole e si può cominciare ad annaffiare con precauzione, aumentando la frequenza delle somministrazioni di acqua man mano che aumenta la temperatura. Concimare una volta l'anno con un prodotto per piante da fiore molto diluito.

In alto, esemplare innestato di Rebutia.

REBUTIA MARSONERI

Piantina dal fusto globoso e appiattito caratterizzato da poche spine, che sono bianche sulla parte inferiore del fusto e rosso-brune su quella superiore. In primavera fanno la loro comparsa fiori larghi 4 cm circa di colore giallo.

REBUTIA MINUSCULA

Originaria dell'Argentina. Ha piccolissimi fusti a forma di globi depressi alti 2 cm e larghi al massimo 5 cm, che formano cespi molto numerosi. I tubercoli disposti a spirale recano ciuffi di spine chiare, corte e setolose. I fiori spuntano dalla base dei fusti e sono rossi, lucenti, con breve tubo imbutiforme.

Rhipsalidopsis

Sono piante epifite originarie della foresta umida brasiliana, molto simili a quelle del genere *Epiphyllum*. Hanno andamento strisciante o ricadente. I fusti e i rami sono formati da articoli appiattiti con margini crestati sui quali si trovano allineate le areole.

I fiori sono multipli, imbutiformi, con petali appuntiti, eretti e ricurvi, rossi o rosa.

Per fiorire bene queste piante necessitano di stazionare per un periodo al fresco e all'ombra: ciò favorisce la formazione dei boccioli.
Durante la fioritura desiderano terriccio umido e annaffiature regolari. Devono essere collocate in posizione luminosa ma non al sole. Si riproducono per talea.

Per assicurarsi un'abbondante fioritura, è importante lasciare le Rhipsalidopsis *in un ambiente fresco durante l'inverno.*

Rhipsalis

Piante epifite molto ramose, con andamento di solito ricadente. È l'unico genere delle cactacee che si trova allo stato naturale anche fuori dal continente americano. I fusti sono lunghi e sottili, cilindrici, più spesso a forma di articoli appiattiti oppure a sezione quadrata.
Generalmente verde scuro, possono anche avere una colorazione rossiccia, specialmente sulla costolatura centrale degli articoli. Sulle crenature irregolari ha piccole areole con peli o setole, e radici aeree.

I fiori sono generalmente piccoli ma numerosi. Alcuni esemplari possono essere confusi con quelli del genere *Schlumbergera*, ma è diversa la forma dei fiori.

RHIPSALIS PARADOXA

Forma catene lunghe fino a 1 m (anche 5 m nel suo habitat). I rami sono formati da articoli che si dividono in tre creste. Le areole si trovano all'apice delle creste; a ogni areola infatti la cresta si interrompe e il ramo cresce piatto. La cresta riprende a crescere a fianco dell'areola: la catena è quindi formata da un susseguirsi di creste e facce piane. I fiori, che spuntano in prossimità degli apici, sono bianchi.

Sono piante adatte a essere coltivate sospese. Richiede ambiente umido in estate e riposo invernale. Temperature: 10-18 °C d'inverno, 21-30 °C d'estate, periodo, questo, nel quale può essere tenuta all'aperto in mezz'ombra.

R. capilliformis.

Schlumbergera

È il genere a cui appartiene il cosiddetto cactus di Natale, perché fiorisce nel mese di dicembre (altre varietà fioriscono nel tardo autunno). Sono piante epifite, originarie delle foreste fluviali del Brasile, come *Zygocactus* e *Rhipsalis*. Hanno articoli appiattiti che formano lunghe catene pendenti.

I fiori sono lunghi e multipli, a forma di stella con le punte ripiegate, di colore rosso o rosa. Spuntano agli apici degli articoli.

Devono essere collocate in una posizione luminosa ma non tollerano il sole diretto. D'estate il terriccio deve essere mantenuto umido, facendo attenzione a non infradiciarlo. Per fiorire bene hanno bisogno di un periodo di riposo in autunno-inverno.
Temperature: 10-18 °C in inverno, 21-30 °C in estate. Concimazioni regolari vanno effettuate durante il periodo della fioritura. Nel riposo vegetativo non concimare e annaffiare pochissimo, solo per impedire alla pianta di seccare.
Si riproducono per talea (non quando è in boccio).

Molte specie e varietà di piante grasse si adattano bene alla coltivazione in panieri sospesi. Fate in modo di collocarle in posizioni che rispondano alle loro esigenze di luce e mantenetele pulite dalla polvere.

Selenicereus

Genere così denominato (cereus lunare) perché i suoi fiori si aprono solo di notte (e per una sola notte), raggruppa piante dal fusto sottile, strisciante o rampicante, con sottili radici aeree. Originario delle foreste delle isole tropicali del Centro e Sudamerica. Nel suo habitat emette fusti sementosi che arrivano a 5 m di altezza.

S. nycticalus (o S. pterantus) produce un'abbondante fioritura e frutti commestibili.

Crescono rapidamente, ma non sono molto decorativi poiché anche se i fiori sono molto belli e profumati, durano poco tempo. La specie *S. macdonaldie* presenta i fiori più grandi di tutti i cactus: hanno infatti un diametro che arriva a 35 centimetri.

Come tutti i cactus della foresta, desiderano un ambiente piuttosto umido e caldo. Per fiorire bene ha bisogno di riposo invernale con temperature di 10-18 °C e con pochissime annaffiature.
Concimare regolarmente in estate con un fertilizzante molto diluito. Non concimare le piante appena rinvasate. Si riproduce per talea.

Stenocereus

DETTO ANCHE Lemairocereus

Piante originarie dell'Arizona e del Messico. Molto ramose (ramificano generalmente dalla base o poco al di sopra), con costole sporgenti armate di spine robuste. I fusti sono eretti, grossi (diametro fino a 20 cm) e la pianta arriva in natura a un'altezza di 6-7 metri.

I fiori, di forma tubolare, spuntano nella parte alta del fusto e sono notturni.

In passato le piante grasse venivano innestate raramente, solo se avevano necessità di essere rinforzate (fusto o apparato radicale). Oggi le varietà innestate sono di moda, anche a scopo ornamentale. I Trichocereus *(a sinistra* T. pachanoi*), piante robuste e di facile coltivazione, sono tra i più diffusi portainnesti delle cactacee.*

Thelocactus

Originarie dei deserti del Messico e del Texas, venivano in passato classificate come *Echinocactus* sono piante di forma per lo più globulare, con coste suddivise in tubercoli di forma tondeggiante o conica, che recano all'apice l'areola armata di grosse spine colorate. Crescono in gruppi.

I fiori, che si aprono all'apice dei fusti più vecchi, sono grandi e molto colorati. Spuntano d'estate.

Per fiorire hanno bisogno di un'esposizione soleggiata, ma crescono bene anche con luce indiretta, purché brillante. D'inverno la temperatura deve restare tra i 4 °C e i 18 °C.

Annaffiare con precauzione per evitare il rischio di far marcire i fusti. D'inverno bagnare il minimo indispensabile per non far seccare le piante.

Concimare in primavera con fertilizzante molto diluito.

Di T. hexaedrophorus *è possibile trovare varietà a spine lunghe e a spine più corte.*

Trichocereus

Ci sono cactus che non arrivano al metro d'altezza e altri giganteschi che superano i 10 m, con fusti grossi 30 cm, solitari o ramificati dalla base. Questi ultimi sono tipici delle montagne boliviane e dell'Argentina settentrionale.

Originari delle montagne del Sudamerica, di forma colonnare (alti fino a 1 m), presentano numerose coste sottili e ben evidenti. Sono coperti da lanugine o da peli, hanno anche le spine, generalmente lunghe e sottili, ma a volte anche forti.
Di solito ramificano dalla base e formano gruppi numerosi.
Il genere comprende molte specie di aspetto anche assai diverso, tutte sono però caratterizzate dall'essere molto resistenti e facilmente coltivabili anche in appartamento.

I *Trichocereus* hanno fiori quasi sempre bianchi, notturni, a forma di imbuto che si apre in una grande corolla.

Devono essere tenuti in un luogo soleggiato e hanno bisogno di riposo invernale a temperature basse (4-7 °C) con pochissima umidità.
Si propagano da talea o da seme.

TRICHOCEREUS CANDICANS

Ha fusti biancastri lanosi con spine gialle lunghe e robuste. Ramificate dalla base, le piante più vecchie possono formare cespi fitti di fusti alti fino a 90 cm. Quando è adulto produce fiori molto grandi, bianchi, profumati.

Wilcoxia

Originarie del Messico, sono piante con radici a tubero, fusto ramoso e sottile con coste sporgenti e areole fitte, con poche spine.

WILCOXIA POSELGERI

Ha grandi fiori rosa a forma di imbuto che spuntano all'estremità dei rami. Le spine sono brevi e sottili, simili a peli. I fusti piuttosto esili.

I fiori, caratterizzati da lunghi e stretti petali compaiono all'apice degli articoli. Hanno forma tubolare e sono ricoperti da una lanugine grigiastra.

Richiede vasi grandi per contenere la radice importante. Controllate il drenaggio e preferite posizioni in pieno sole. Di solito si tengono innestate, perché particolarmente delicate, ma si possono moltiplicare anche per talea.

Zygocactus

Sono piante epifite delle foreste brasiliane, molto simili agli *Epiphyllum*. Ha articoli appiattiti e lunghi che ricadono a cascata.

Produce fiori a tubo, molto lunghi, rosa con petali sparsi irregolarmente.

Poiché i fiori compaiono all'apice degli articoli è importante che la pianta produca ogni anno nuova vegetazione. Necessita di terriccio torboso, di posizioni non esposte al sole diretto e di un periodo di riposo subito dopo la fioritura. Si moltiplica da talea o da innesto.

Viene anch'esso comunemente chiamato cactus di Natale per l'abbondante fioritura che presenta in quel periodo dell'anno.

COMMELINACEAE

Vasta famiglia di monocotiledoni. Si caratterizzano per i fiori con tre tepali esterni verdi e tre interni colorati. Si tratta di piante di medie dimensioni, circa 500 specie suddivise in circa 40 generi. Di questi, sicuramente il più conosciuto è *Tradescantia* che, oltre a succulente, annovera anche alcune note specie ornamentali da appartamento ed esterno.

Oltre al vasto genere dei Senecio *(a sinistra,* S. anteophorbium*) fanno parte di questa famiglia anche le piccole piantine del genere* Cyanotis *(sopra).*

Othonna

È un genere che comprende molte specie, alcune delle quali hanno carnoso il fusto, altre le foglie. La specie più diffusa è *O. crassifolia*.

Sono piante particolarmente esigenti e di difficile coltivazione, spesso quindi consigliabili ai soli esperti.

OTHONNA CRASSIFOLIA o O. CAPENSIS

Pianta originaria dell'Africa meridionale. Ha lunghi steli sottili e ramificati, striscianti e ricadenti. Le foglie sono cilindriche, lunghe circa 2 cm, grigioverdi, che cambiano colore sotto il sole. I fiori sono piccole margherite gialle.

Senecio

Comprende moltissime specie (oltre 1.500), tra cui alberi, arbusti ed erbe. Anche le succulente di questo genere hanno aspetto diversissimo tra loro.

Le piante appartenenti a questo genere sono riconoscibili dalla forma tipica delle infiorescenze a capolino, in genere di colore giallo.

Richiede poca acqua: in inverno è meglio non annaffiarle. Temperature: sopporta basse temperature (non meno però di 6-7 °C) purché asciutta. Esposizione soleggiata, però riparata dal sole cocente del mezzogiorno, in estate. Si riproduce per talea.

Le specie appartenenti a questo genere sono più di un migliaio e tra loro presentano caratteristiche fisiche molto differenti. Ne sono un esempio S. stapellaeformis *(sopra) e* S. medley-woodii *(sotto).*

SENECIO KLEINIA
DETTO ANCHE
KLEINIA NERIFOLIA

Un tempo *Kleinia* era considerato un genere a sé, ora si preferisce considerarlo una specie appartenente al genere *Senecio*. Questa pianta, originaria dell'Africa meridionale e delle Canarie, forma cespugli che raggiungono l'altezza di 3 metri. Ha rami cilindrici striati di linee verde-scuro agli apici dei quali spuntano rosette di foglie caduche, sottili e appuntite, lunghe 10-15 cm, di colore grigio-verde.

SENECIO SCAPOSUS

Originaria del Sudafrica, è una pianta che forma su un tronco brevissimo una rosetta di foglie cilindriche erette e incurvate verso l'alto, ricoperte, finché la pianta è giovane, da una fitta peluria bianca.
Teme l'umidità.

CRASSULACEAE

Famiglia che comprende vari generi di piante grasse anche molto diverse tra loro. Solitamente hanno carnose le foglie, non il fusto.

Adromischus

Originarie del Sudafrica, sono piante piccole, con foglie spesse e carnose disposte a rosetta o sparse su fusti molto brevi. Le foglie hanno forme diverse: crestate, lisce, ovoidali, verdi o punteggiate. Particolarmente decorativa A. *festivus*, con foglie di forma ovoidale di colore verde-azzurro, con macchie scure o rossicce.

Producono infiorescenze di fiorellini molto piccoli, rosa o bianchi.

Vivono bene in interno se possono essere messe al sole o in posizione molto luminosa e riparate dal freddo. Temono l'umidità. Le annaffiature devono essere abbondanti ma distanziate. D'inverno non annaffiare.

Aeonium

È un genere mediterraneo. Le foglie, piuttosto carnose e di vari colori, sono disposte a rosetta su steli che possono essere più o meno alti, semplici o a cespuglio.

I fiori, che hanno 8 o più petali, spuntano in grandi infiorescenze.

Crescono rapidamente, meglio se in piena terra e al sole. D'estate vogliono annaffiature abbondanti ma distanziate, perché possono marcire. È meglio non bagnarle durante l'inverno se la temperatura è bassa (possono essere coltivate all'aperto dove il clima è piuttosto mite). Concimare con moderazione una volta l'anno, in primavera.
Si riproduce per semina e per talea.

AEONIUM HAWORTHII

Originario delle Canarie, forma cespugli fitti, i cui rami emettono radici aeree. Le rosette sono di colore verde-azzurro e hanno un diametro di 10 centimetri. I fiori sono bianchi.

AEONIUM ARBOREUM

Pianta mediterranea, cresce spontanea in Sicilia e Sardegna. Ha fusto eretto, alto fino a 1 m, con pochi rami. La rosetta è composta da foglie lunghe anche 10 cm, a forma di spatola che termina con una breve punta. Produce lunghe infiorescenze di fiori gialli. Ne esistono diverse varietà, che si caratterizzano per il colore delle foglie.

In questa pagina:
A. tubolariformis *(in alto)*,
A. arboreum *(a sinistra)*
e A. goochiae *(sotto)*.

Cotyledon

Originarie del Sudafrica, sono piante sempreverdi. Formano piccoli arbusti.

I fiori, a forma di campanula pendente di colore arancio più o meno intenso, spuntano al centro della rosetta.

È un genere di piante che non presenta alcuna difficoltà di coltivazione.

COTYLEDON ORBICULATE

È un arbusto che arriva a 80 cm di altezza, con fusti vigorosi ed eretti. Le foglie sono di forma ovale e carnosa, di color grigio-verde con una patina cerosa biancastra e orlate di rosso. Emette un lungo ramo fiorifero sul quale si dispongono fiori giallo-rossi a forma di ombrello.

C. tomentosa *(a sinistra)* e C. ondulata *(sotto)*.

COTYLEDON ONDULATA

A fusto unico, alto fino a 50 centimetri. Le foglie, carnose e ricoperte di cera biancastra, sono oblunghe o tondeggianti, con gli apici rivolti in alto e il margine ondulato.

Crassula

Originarie dell'Africa meridionale, sono arbusti di diverse dimensioni, a foglie carnose.

Producono piccoli fiori a cinque petali, a volte raccolti in infiorescenze. Alcune vegetano in inverno.

Piante che non sopportano le basse temperature, ma in estate hanno bisogno di aria fresca e molto sole.

Gli esemplari appartenenti al genere Crassula producono fiori molto piccoli spesso raccolti in corimbi all'apice dei fusti.

C. corymbulosa *(sopra) si riproduce facilmente tramite le foglie che dalla pianta cadono sul terreno.*

CRASSULA ARBORESCENS

È un arbusto vigoroso, che può superare i 2 metri. Ha foglie tondeggianti e carnose, lunghe 5-7 cm, color verde-grigio con margini rossi e macchioline verde-scuro o rossicce sulla pagina superiore. Ha fiori bianchi o rossicci, ma non fiorisce nel nostro clima.

CRASSULA LACTEA

Piccolo arbusto (60 cm) con foglioline carnose, ovali e appuntite, di colore verde-scuro brillante con punti chiari lungo il margine. Le foglie spuntano in coppia riunite alla base. Fioriscono d'inverno, emettendo infiorescenze allungate di fiori bianchi a forma di stella.

CRASSULA LYCOPODIOIDES

Piccolo arbusto (30 cm) con fusticini eretti che emettono foglie piccolissime e appuntite, opposte in modo da formare sul fusto quattro cordoncini continui, simili alle scaglie di un serpente. I fiori sono piccolissimi, spuntano all'ascella delle foglioline e hanno un odore pungente e sgradevole.

CRASSULA TETRAGONA

Arbusto con rami eretti e sottili. Le foglie sono cilindriche e appuntite, lunghe 2-3 cm, incurvate verso l'alto. I fiori sono bianchi. Deve essere annaffiata regolarmente perché la siccità può provocare la caduta dei rami sottili.

Le specie con foglie di colore chiaro o ricoperte di sostanza pruinosa è bene vengano protette dai raggi del sole diretto (sopra, C. clavata).

CRASSULA PORTULACEA

Arbusto con fusto nodoso e molti rami. Alto fino a 2 m nel suo habitat, ha foglie ovali di 4 cm; color verde brillante, con margine rosso, non però punteggiate come *C. arborescens*. Viene spesso confusa con *C. lactea-rosea*, perché produce brevi infiorescenze di fiori rosa, piuttosto grandi per una *Crassula*.

Echeveria

Genere originario dell'America centrale e meridionale, oltre che degli Stati Uniti sudoccidentali. Sono piante le cui foglie si dispongono a rosetta su steli che possono essere alti o brevissimi.

Le infiorescenze spuntano all'ascella delle foglie o su rami laterali. I fiori, rossi o gialli, sono a campanula e riuniti in spighe.

Sono piante di facile coltivazione, spesso utilizzate per formare bordure e abbellire giardini rocciosi. Annaffiare ma non in modo eccessivo in estate, più raramente in inverno. Concimare una volta al mese.
Si moltiplicano facilmente da germogli e anche spontaneamente.

Solo tenendo le piante in ambiente molto luminoso sarà garantita un'abbondante fioritura e una bella colorazione del fogliame.

ECHEVERIA DEREMBERGII

Presenta rosette quasi sferiche, che spuntano su un fusto brevissimo. Le foglie sono arrotondate all'apice e terminano in una breve punta; di colore ceruleo o biancastro (a causa della pruina che le ricopre) hanno le punte rossastre. In primavera spuntano brevi infiorescenze con fiorellini arancioni.

Esemplari di Echeveria *cresciuti spontaneamente. Le specie appartenenti a questo genere si prestano a essere coltivate in esterno ma, nelle regioni più settentrionali, è bene vengano ricoverate in ambiente protetto (ma non riscaldato).*

ECHEVERIA GIBBIFLORA

Ha fusto semplice, legnoso, alto fino a 60 cm. La rosetta è formata da foglie lunghe anche 20 cm, verdi-brune con strisce rossastre. Fiorisce in autunno, producendo lunghe infiorescenze con piccoli fiori gialli e rossi.

ECHEVERIA LEUCOTRICHA

Piccolo arbusto originario del Messico. Ha rosette di 10-15 cm le cui foglie ovoidali sono ricoperte da una peluria bianca. I fiori rossicci spuntano su un lungo ramo fiorifero.

ECHEVERIA SETOSA

Senza fusto, ha una fitta rosetta di foglie verdi coperte da lanugine bianca. I fiori (che compaiono da aprile a luglio) sono di colore arancione e sono caratterizzati da lunghi piccioli.

Kalanchoe

Genere che raccoglie circa duecento specie ad arbusto eretto o rampicante, originarie del Madagascar e dell'Africa tropicale. Le foglie sono spesso colorate.

I fiori spuntano d'inverno, hanno forme di campanula col tubo più o meno lungo formato da 4 petali che si aprono verso l'esterno.

Per la coltivazione hanno bisogno di temperature più alte rispetto alla maggior parte delle piante grasse, e di annaffiature più abbondanti. Per valorizzare i colori delle foglie necessitano inoltre di molto sole.
Si propagano con facilità per talea.

Fiori di K. blossfeldiana *(sopra), forse la specie più conosciuta di questo genere di succulente, e particolare di* K. pumila *(sotto).*

K. beharensis *nel suo habitat naturale può facilmente raggiungere i 3 m di altezza.*

KALANCHOE BEHARENSIS

Pianta robusta e di notevoli dimensioni (in natura arriva a 3 m), con grandi foglie a forma di cuore di colore marrone-rossiccio, ricoperte a volte da una fine peluria.

KALANCHOE TOMENTOSA

È un piccolo arbusto (80 cm al massimo) con foglie ovali, spesse, ricoperte da una folta peluria bianca e con le punte marroni.

KALANCHOE BLOSSFELDIANA

Piccolo arbusto (altezza fino a 30 cm) con foglie ovali, verde scuro orlate di rosso. D'inverno emette rami fioriferi di varia lunghezza, che portano una fitta infiorescenza formata da piccole campanule di un bel rosso lucente.

Le succulente (nella fotografia a destra una Echeveria) *possono in genere venire utilizzate in composizioni d'effetto. La taglia e la struttura differente dei fusti, le foglie spesso colorate e le particolari fioriture le rendono infatti particolarmente adatte a questo scopo.*

Le Monanthes *sono piccoli arbusti con foglie disposte a rosetta, rami bassi e piccoli fiori a forma di stella, riuniti a grappoli. Fioriscono d'estate.*

Pachyphytum

Di origine messicana, sono arbusti piccoli, con foglie carnose che coprono il breve stelo disponendosi a rosetta. Simili alle *Echeveria*, con le quali sono stati incrociati danno origine a una quantità di ibridi (*Pachyveria*).

Facili da coltivare, temono però l'umidità eccessiva (sono infatti facili ai marciumi).

PACHYPHYTUM BRACTEOSUM

Alta fino a 30 cm, ha foglie ovali e spesse alte fino a 10 cm, di colore verde-grigio-marrone con patina cerosa biancastra. Produce un alto stelo fiorifero laterale in cima al quale spuntano piccole campanule rosse.
Vuole esposizione al sole o comunque molta luce brillante.
Temperature: dai 10 °C in su. Bagnare pochissimo in inverno e anche d'estate con moderazione.

PACHYPHYTUM OVIFERUM

Piccolo arbusto con rami brevi che terminano in rosette di foglie ovoidali molto carnose e ricoperte da una spessa patina cerosa bianca (somigliano a confetti). I fiori sono rossi e spuntano in cima a un lungo ramo.

Le Pachyphytum *vivono bene anche in esterno durante la stagione estiva. Nel periodo invernale è invece meglio mantenerle in ambienti protetti, non eccessivamente caldi e sempre molto luminosi.*

Sedum

Genere che comprende molte piante grasse dell'emisfero settentrionale, resistenti al freddo e all'umidità, ma anche specie di origine messicana più difficili da coltivare nei climi temperati.

Sono erbe o arbusti dalle forme molto varie, con foglie carnose spesso colorate. Generalmente hanno fusti striscianti o ricadenti.
Emettono piccoli fiori a forma di stella che spuntano a intermittenza per tutto l'anno.

La maggior parte dei *Sedum* desidera esposizione soleggiata ma cresce bene anche all'ombra, in posizione luminosa. Alcuni sono rustici e crescono bene all'aperto anche nel nostro clima (per esempio *S. spectabile*).
Il terreno deve essere ben drenato. Le concimazioni, molto diluite, si effettuano in primavera-estate (due o tre volte). I fusti e le foglie dei *Sedum* si rompono facilmente: bisogna quindi fare attenzione durante i rinvasi, che devono essere eseguiti solo se è assolutamente necessario.

SEDUM PALMERI

Piccolo arbusto messicano, alto circa 20 cm, con steli nudi in cima ai quali spunta una rosetta di foglie verde-azzurro. I fiori color arancio si presentano in infiorescenze pendule.

SEDUM RUBROTINCTUM

Simile a *S. pachyphyllum*, ha rami sottili, striscianti e foglioline tozze, grasse, con gli apici bruno-rossicci (fotografia sotto). Sotto il sole estivo la pianta può diventare del tutto rossa.

Sempervivum

Piante grasse alpine, con foglie carnose disposte a rosetta, a volte coperte di peli. Le rosette principali sono circondate da altre più piccole.

Le rosette adulte emettono le infiorescenze in cima a uno stelo piuttosto lungo. Dopo la fioritura, la rosetta muore, ma la vita della pianta è assicurata dai polloni che la circondano.

I *Sempervivum* crescono tra i sassi e le rocce e anche sui muri: sono molto resistenti al freddo e alla siccità. Sono quindi adatti per giardini rocciosi all'aperto.

Sopra, fioritura di S. tectorum, *del quale in commercio esistono numerosi ibridi.*

A destra, S. arachnoideum, *forse la specie più diffusa. Questo genere di piante viene molto usato nei giardini rocciosi per il portamento tappezzante.*

SEMPERVIVUM ARACHNOIDEUM

Ha rosette globose, formate da piccole foglie cuneiformi leggermente appuntite verdi orlate di rosso. È ricoperta di peli che si tendono da un apice all'altro delle foglie, ricoprendo tutta la rosetta come una ragnatela. Attorno alle rosette più vecchie ne crescono numerose altre piccolissime.

SEDUM WEINBERGII

Ha fusti ricadenti, nudi, in fondo ai quali spuntano rosette di foglie azzurre e lucenti. I fiori, verdi e bianchi, spuntano alla fine dell'inverno.

EUPHORBIACEAE

Comprende piante di tipo molto diverso: dalle erbe annuali ai grandi alberi. I fiori sono sempre unisessuali. Appartengono alla famiglia delle euforbiacee le piante che producono la gomma, il caucciù, la tapioca e l'olio di ricino (che si estrae dai semi).

Le euforbiacee comprendono molte piante grasse e altre non grasse. Tra quest'ultime, la più conosciuta è *Euphorbia pulcherrima* più nota come stella di Natale, coltivata per le bellissime brattee colorate.

Euphorbia

È un grande genere che comprende oltre 1.600 specie in tutto il mondo. Anche in Italia ne crescono decine di specie, alcune delle quali note come erbe infestanti. Se il fusto viene spezzato, tagliato o inciso, quasi tutte emettono un lattice urticante e velenoso. Molte *Euphorbia* originarie dell'Africa sono quasi identiche alle cactacee, salvo il fatto che non presentano areole. Anche se le spine spuntano su gibbosità o cuscinetti sporgenti, in esse non sono mai presenti i peli che fanno riconoscere l'areola. Le spine delle *Euphorbia* possono essere singole, a coppie, a gruppi; quelle solitarie e grosse hanno a volte anche foglie e fiori: sono cioè veri e propri rami.

I fiori di molte *Euphorbia* non sono propriamente fiori ma piccole infiorescenze accompagnate da brattee. I frutti quando diventano maturi si seccano e si aprono di scatto, lanciando lontano i semi che contengono.

Sono in genere piante di facile coltivazione e crescono rapidamente producendo una ricca fioritura. Adatte alla vita di apartamento, possono essere tenute in esterno durante la stagione estiva per poi essere ricoverate in luogo caldo (minimo 10 °C) con l'arrivo dell'inverno. Si moltiplicano per talea.

E. delphinensis *(in alto)* e E. crispa *(a sinistra)* e E. triangularis *(pagina a fronte)* *testimoniano la grande variabilità di forme delle piante succulente presenti in questo genere.*

EUPHORBIA CAPUT-MEDUSAE

Pianta originaria del Sudafrica. Simile a un cactus con fusto brevissimo da cui si dipartono molti rami striscianti e serpeggianti.

EUPHORBIA MILII

Originaria del Madagascar, comprende diverse varietà, soprattutto di arbusti spinosi (viene anche definita "corona di spine") che in natura arrivano a un'altezza di 2 m, mentre coltivati sono alti al massimo 90 cm o più bassi. Hanno rami legnosi, sottili con molte spine riunite a coppie. I fiori sono piccoli ma accompagnati da due brattee rosse o gialle. Le foglie, verdi, lunghe fino a 5 cm, cadono man mano che la pianta invecchia. L'arbusto si presenta quindi come un intreccio di rami nudi e spinosi con un ciuffo di foglie e fiorellini sui rami più giovani. *E. milii*, se tenuta umida e in ambiente adatto, fiorisce tutto l'anno e l'effetto della fioritura nelle ramificazioni intrecciate è davvero suggestivo.
Si moltiplica per talea con una discreta facilità.

Sopra: E. milii *mal sopporta i continui cambi di posizione.*

A destra: le strozzature lungo il fusto di E. grandicornis, *corrispondono ai periodi di vegetazione (tratti più larghi) e a quelli di riposo (tratti più stretti).*

EUPHORBIA GRANDICORNIS

Originaria dell'Africa meridionale. Presenta fusti con 3-4 coste suddivise in articoli con forme diverse (più larghi o più stretti) secondo il periodo in cui sono cresciuti: più larghi se corrispondono a quello di maggior vegetazione (se hanno ricevuto sole, calore e regolari annaffiature e concimazioni), più stretti se corrispondenti ai periodi di riposo della pianta. Le spine sono molto grosse (fino a 6 cm), di colore grigiastro-rossiccio, e spuntano a gruppi di due o tre.

LILIACEAE

Alcune piante appartenenti a questa famiglia (quelle dei gigli, tulipani, mughetti, asparagi) sono piante grasse, con rosetta di grosse foglie senza fusto oppure con fusto alto anche diversi metri.

Aloe

Piante originarie dell'Africa e del Madagascar. Hanno rosette acauli oppure che spuntano in cima al fusto o sui rami, formate da foglie molto carnose. Somigliano alle agavi, ma i fiori sono diversi: l'aloe ha infiorescenze pendule. Anche senza fiori si differenziano per la consistenza delle foglie: più spesse e acquose quelle dell'aloe, fibrose quelle dell'agave. Le foglie dell'aloe, inoltre, sono bombate nella pagina inferiore, incavate in quella superiore. Lunghe e appuntite, presentano denti sul margine (a volte anche sulla pagina).

Le infiorescenze si sviluppano all'ascella delle foglie e possono avere struttura semplice o ramificata, a volte presentarsi sull'apice di rami lunghi anche fino a mezzo metro. I colori dei fiori variano dal giallo al rosso a seconda delle specie.

Ha bisogno di molta luce, ma è meglio ripararla dal sole diretto. Richiede poca umidità. Temperature ideali estive 10-13 °C di notte, 20-22 °C di giorno; invernali 7-10 °C di notte, 16-18 °C di giorno.

Fiori di A. laterita *(in alto) e di* A. striata *(a sinistra).*

ALOE ARBORESCENS

Originarie del Sudafrica. Può arrivare anche a 2 m di altezza. Il fusto è semplice o ramificato dalla base. Ha rosette di foglie lunghe fino a 50 cm, strette e ripiegate verso il basso. Ai margini porta grossi denti triangolari. Fiorisce in inverno, emettendo grappoli di fiori tubolari color rosso-arancio lungo gli steli ramificati.

Può essere coltivata all'aperto nelle località a clima mite (da noi però non raggiunge il metro d'altezza). Altrove può essere coltivata in vaso: starà bene al sole d'estate, ma d'inverno potrà essere messa al riparo. Richiede poca umidità.

Concimazioni solo all'inizio del periodo vegetativo.

L'aloe si propaga attraverso i polloni o per talea di fusto. Altrimenti si riproduce per mezzo dei semi, che vanno fatti germinare alla fine dell'inverno.

ALOE ARISTATA

Originaria del Sudafrica. È una rosetta acaule del diametro di 10-20 cm, formata da fitte foglie lunghe e strette e molto appuntite (finiscono con una specie di lunga setola). Ha piccoli rilievi bianchi sulla pagina inferiore delle foglie, disposti in fasce trasversali. Anche sul margine delle foglie ci sono brevi dentini. Le foglie sono di color verde-azzurro. Produce un alto ramo fiorifero con lunghi fiori giallo-rossi. A volte si richiude a bulbo su se stessa, specialmente se le temperature diventano troppo alte.

ALOE CILIARIS

Originaria del Sudafrica. Pianta strisciante e rampicante, con fusti sottili (meno di 1 cm) e lunghi fino a 5 metri. Le foglie si trovano in cima ai rami, sono verde pallido con striature più scure, lunghe, strette, appuntite, con minuscoli denti sui margini.
Fiorisce all'inizio dell'estate, quando la stagione permette un clima non ancora eccessivamente caldo, emettendo grappoli di lunghi fiori gialli o rossi.

ALOE FEROX

Originario del Sudafrica. Ha fusto alto fino a 4 m, con rosetta di foglie all'apice. Le foglie sono lunghe fino a 1 m (nel suo habitat), spesse, e portano sul margine e sulle pagine (specie quelle inferiori) grossi denti appuntiti color rosso-bruno.
Le infiorescenze sono ramificate. I fiori sono giallo-rossi.

ALOE HUMILIS

Originaria del Sudafrica. Rosetta acaule formata da foglie di 5-10 cm, incurvate verso l'interno, di color verde-azzurro, con fitti dentini bianchi sulla pagina e sul margine. Emette spighe di fiori gialli lunghi 4 centimetri.

ALOE VARIEGATA

Originaria del Sudafrica. La rosetta è formata da tre serie di foglie triangolari, allungate e appuntite, il cui margine è fitto di dentini bianchi. Le foglie sono di colore verde-azzurro scuro con striature trasversali biancastre. Arriva a 30 cm di altezza. Emette una spiga fiorale con fiori rossi, molto allungati, caratterizzati da 3 costolature.

Pagina a fronte: A. arborescens *(in alto)* e A. aristata *(in basso)*

In questa pagina: A. ferox *(in alto)* e A. criptopoda *(a sinistra)*.

Gasteria

Piante molto simili alle *Aloe*, dalle quali però differiscono per la forma dei fiori, che in *Aloe* sono cilindrici e dritti, mentre in *Gasteria* sono prima panciuti, poi cilindrici con il tubo obliquo. Generalmente le foglie si dispongono in file opposte, oppure a rosetta.

I fiori si raccolgono in infiorescenze di semplice struttura, senza ramificazioni.

Le *Gasteria* sono piante facili da tenere: richiedono molta luce ma è meglio ripararle dal sole diretto. Temperature:da un minimo di 10 °C a un massimo di 27 °C.

La moltiplicazione si effettua da semi, talea di foglia o per divisione dei polloni che spuntano a volte alla base della pianta.

GASTERIA LILLIPUZIANA

Originaria del Sudafrica. È una piantina molto piccola, quasi nana (arriva a poco più di 5 cm). Le foglie, lunghe 3-4 cm, spuntano prima a coppie, una opposta all'altra, poi formano una rosetta. Hanno forma oblunga che si restringe all'apice in una corta punta. Di colore verde scuro lucente, hanno chiazze biancastre. La pianta resta nana anche da adulta, ma si allarga e produce facilmente nuove rosette. Le infiorescenze sono alte rispetto alla statura della pianta: arrivano a 20 cm di altezza.

GASTERIA VERRUCOSA

Originaria del Sudafrica, è priva di fusto, ha foglie spesse e dure che si dispongono su due file opposte; di colore verde scuro, presentano, sparsi su entrambe le facce, numerosi punti bianchi rilevati, simili a verruche. Alta fino a 30 centimetri. Le infiorescenze sono alte fino a 60 cm e portano dei lunghi fiori rossi.

Le Gasteria *(a sinistra* G. ernesti-ruschii*), caratterizzate da un fogliame particolarmente ornamentale, vengono molto apprezzate dagli amatori di piante grasse perché facili da coltivare.*

Haworthia

Piante generalmente prive di fusto oppure con fusto breve e ricoperto di foglie. Le foglie carnose e appuntite sono ornate di formazioni puntiformi rilevate, macchie o striature.

I fiori, poco significativi, hanno in genere lunghi peduncoli.

In questa pagina: H. resendeiana *(a destra)*, H. subfasciata *(in basso a sinistra)* e H. cymbiformis *(in basso a destra)*

Vogliono posizione soleggiata (vengono anche chiamate "piante davanzale") ma patiscono sotto il sole cocente dell'estate.
Temono l'umidità e hanno bisogno di una temperatura minima di almeno 10 °C.
La moltiplicazione si effettua da seme, talee di foglie o per divisione dei polloni.

HAWORTHIA CYMBIFORMIS

Originaria del Sudafrica. Ha rosette di foglie molto convesse (e concave nella pagina superiore) a forma di barchetta (*cymba* = barchetta), appuntite. Le foglie sono lunghe 4 cm, di color verde-azzurro con righe verticali più scure e apici traslucidi.

HAWORTHIA FASCIATA

Originaria del Sudafrica. Ha foglie lunghe fino a 10 cm, strette e allungate. L'apice è appuntito ed eretto. La pagina inferiore delle foglie è attraversata da rilievi bianchi che formano delle strisce trasversali.

HAWORTHIA REINWARDTII

Di origine sudafricana. Ha fusti lunghi fino a 15-20 cm, ricoperti di foglie triangolari addossate le une alle altre, con molti tubercoli bianchi sulla superficie inferiore. Ramifica dalla base.

Le appartenenti a questo genere (a destra, H. krausii) si ibridano facilmente con le piante vicino alle quali sono coltivate.

MESEMBRYANTHEMACEAE

Sono per la maggior parte piante perenni originarie dell'Africa meridionale; poche altre provengono dall'Australia e dall'America.

Carpobrotus

Piante di origine sudafricana, alcune naturalizzate nell'area mediterranea. Hanno fusti lunghi e striscianti, che si intrecciano fra loro. Le foglie, carnose, lunghe 7-13 cm hanno sezione triangolare e spuntano opposte.

I fiori, rossi, viola o gialli, sono simili a grandi margherite con petali lunghi e sottili. Il frutto è carnoso e commestibile.

Viene spesso usata come tappezzante o per consolidare cigli stradali. Richiede un terreno sabbioso per potersi sviluppare bene.

Conophytum

Genere di piante grasse nane originarie del Sudafrica, costituite da piccoli corpi carnosi che formano gruppi compatti. Tali corpi sono in realtà foglie che spuntano accoppiate e sono spesso saldate fra loro, divise solo da una piccola fenditura. I fiori a forma di tubo spuntano in questa fessura tra le due foglie; la corolla, formata da petali lunghi e sottili, si allarga a tromba. Hanno colori molto vivaci: gialli, rossi, rosa, violacei.

Le piante fioriscono in autunno. Nel periodo di riposo, le foglie vecchie seccano formando una specie di guscio, che in primavera si apre facendo emergere nuove foglie.

I *Conophytum* richiedono molta luce ma temono i raggi diretti del sole.
Temperature: da un minimo di 16 °C a un massimo di 27 °C.
Temono moltissimo l'umidità della terra: andrebbero di preferenza nebuliz-

zati. Le annaffiature sono consigliabili solo nel periodo della fioritura (una volta la settimana per tutto l'anno), poi niente più acqua (nemmeno spruzzature) fino alla ripresa vegetativa, che va incoraggiata con un'unica annaffiatura. In seguito solo spruzzature regolari.
Si propaga per divisione dei cespi o da seme.

Le specie appartenenti al genere Conophytum *(a sinistra,* C. bilobum*) presentano in genere fioritura molto copiosa.*

Faucaria

Piante grasse nane originarie del Sudafrica. Prive di fusto sviluppano gruppi di foglie carnose opposte, incrociate o formanti una specie di rosetta stellata.
Le foglie sono marcatamente carenate: piane nella pagina superiore, molto convesse su quella inferiore. Orlate di denti spinosi in apparenza temibili ma in realtà morbidi, conferiscono alle coppie di foglie che si aprono l'aspetto di fauci spalancate, da cui il nome della pianta.

All'inizio della primavera emette fiori gialli a forma di grossa margherita, che si aprono solo di pomeriggio.

Hanno bisogno di molto sole. Durante il riposo invernale vogliono una temperatura piuttosto bassa (10 °C) ma gradiscono comunque la luce solare. Temperature: da un minimo di 10 °C a un massimo di 27 °C.
Nel periodo vegetativo vanno bagnate regolarmente; nel riposo invernale annaffiare solo quanto basta per impedire che la pianta secchi.
Si riproduce per divisione dei cespi o da seme.

Fenestraria

Queste piante formano cespi di foglie grasse a forma di clava, che spuntano appena dalla sabbia dei deserti sudafricani. Coltivate, non si interrano come nel loro habitat. Sono caratterizzate dalla "finestra", ovvero una zona di colore verde traslucido, priva di clorofilla, situata sulla parte più ingrossata (testa) delle foglie. La finestra ha di solito una forma triangolare.

I fiori spuntano in autunno-inverno, hanno peduncoli lunghi 3-5 cm e sono gialli o bianchi. Le piante fioriscono già dopo un anno dalla nascita.

Spesso vengono colpite da muffe e marciumi poiché sono molto sensibili all'umidità. Si riproducono facilmente da seme e da talea.

La classica fenestratura è ben visibile in questo giovane esemplare di Fenestraria.

Lithops

Le piante appartenenti a questo genere – comunemente definite "sassi vivi" (dal greco *lithos* = pietra) – sono originarie delle zone desertiche del Sudafrica.
Si tratta di succulente nane quasi acauli (senza fusto) in quanto il fusto, brevissimo, resta sotto la superficie del terreno.
Formano gruppi di due foglie accoppiate, saldate all'apice e divise solo da una fenditura nella quale spuntano i fiori. Ogni coppia di foglie forma il corpo di una pianta, che ha forma di una sezione cilindrica o quasi conica, con le punte rivolte in basso e la superficie superiore piana. Dalla fenditura tra le due foglie spuntano, nel periodo vegetativo, le foglie nuove, mentre le vecchie si aprono e avviz-

Nel loro ambiente originario le Lithops *non sono sempre visibili data la loro capacità di mimetizzarsi.*

ziscono. I cespi sono quindi formati sempre da gruppi di coppie di foglie. Le specie di *Lithops* differiscono per i colori, che possono essere molto diversi: dal verde al biancastro al violaceo al rosa; possono essere macchiettati, striati, punteggiati.
Sono spesso fenestrati: hanno cioè piccole zone trasparenti o traslucide prive di clorofilla, attraverso le quali la luce arriva alle parti della foglia e della pianta che restano interrate.

I fiori spuntano in autunno: sono bianchi o gialli, a forma di margherita, più grandi del corpo della pianta. Si aprono solo di pomeriggio.

Sono facili da coltivare. Desiderano molto sole, ma possono svernare a temperature intorno ai 0 °C, purché asciutti.
Le piante vanno tenute asciutte durante l'estate (periodo di riposo) e annaffiate durante l'autunno (periodo di fioritura). Bisogna fare attenzione anche all'eccessiva umidità atmosferica. La propagazione si effettua da seme o, più difficilmente, per talea.

L. bella *ha foglie grigiastre con screziature verde scuro e fiori bianchi a forma di margherita.*

L. lesliei *ha foglie verde grigio con macchiettature brune o rossastre e fiori gialli.*

Pleiospilos

Anche in questo caso si tratta di piante molto simili a pietre. Piante grasse originarie del Sudafrica, sviluppano coppie di foglie molto grosse, di forma quasi piramidale, con la pagina superiore piana e quella inferiore molto convessa, con cresta lineare centrale. Hanno punti verdi trasparenti (finestre).

I fiori gialli, spuntano a stagione avanzata e hanno un gradevole profumo.

Di facile coltivazione, vanno tenute in pieno sole. Richiedono annaffiature abbondanti ma distanziate durante l'estate. Non vanno bagnate dall'autunno alla primavera: anzi è spesso necessario proteggerle dall'umidità invernale.
Temperatura: minima di 10 °C.
Si riproducono da seme.

P. nelii *fiorisce in estate-autunno.*

Trichodiadema

Il genere raccoglie una trentina di specie di portamento molto variabile, ma accomunate dalla forma particolare delle foglie: grasse, cilindriche, con all'apice una coroncina di setole. Sono piante originarie del Sudafrica.

Devono essere tenute in una posizione soleggiata e ventilata. Vanno però riparate dai raggi cocenti del mezzogiorno estivo. Temono l'umidità eccessiva. D'inverno vanno annaffiate solo il minimo indispensabile per non farle appassire. Temperature: da un minimo di 10 °C a un massimo 30 °C.
Si riproducono da seme o per talea estiva.

Fioritura di T. densum.

VITACEAE

È la famiglia cui appartengono le nostre viti. Caratterizzata dal fatto che i fiori, piccolissimi, sono riuniti in infiorescenze ramose. I frutti sono carnosi. Si tratta di piante rampicanti. Emettono viticci con i quali si attaccano a qualsiasi supporto.

Cissus

Piante rampicanti originarie dell'Asia meridionale, dell'Africa e del Madagascar. Solo alcune specie sono succulente: accumulano cioè acqua nel fusto. La crescita è rapida. Di solito vengono coltivate in panieri appesi o fatte aggrappare a spalliere sulle quali si arrampicano mediante i viticci.

I fiori, di breve durata, sono raccolti in infiorescenze a grappolo.

Vogliono molta luce e la temperatura non deve scendere sotto i 10 °C. Dovrebbero avere un periodo vegetativo e uno di riposo: però, essendo originarie dell'emisfero australe, i loro cicli possono essere sfasati con la nostra alternanza stagionale. Crescono quindi meglio in interno, in posizione molto luminosa.

Quando le piante sono nel loro periodo di riposo vanno bagnate pochissimo. Durante il periodo vegetativo devono essere leggermente umide e fertilizzate con concime molto diluito.

CISSUS QUADRANGULARIS o C. CACTIFORMIS

Originario dell'Africa orientale, è un rampicante con fusti a quattro coste sporgenti.
Lungo i fusti, che arrivano a 2,5 m, spuntano rade foglie trilobate. Opposti alle foglie, si sviluppano i viticci.
Le infiorescenze compaiono alla fine dell'estate: pochi fiorellini verde chiaro, su rami eretti.
I frutti sono grappolini di bacche rosse, molto ornamentali.

LE PAROLE DIFFICILI

Acanto, prefisso e suffisso che indica "spinoso, con aculei".

Acaule, senza fusto.

Aculeato, organo o sua parte che porta uno o più aculei.

Agamica (riproduzione), asessuata.

Antera, parte superiore dello stame che contiene il polline.

Apicale, si dice di organo o un'appendice che è situato all'apice.

Arbusto, pianta a fusto e rami legnosi di dimensioni limitate (alta meno di 5 m) ramificata fin dalla base e con aspetto legnoso.

Articolato, generalmente si riferisce al fusto, che si restringe ai nodi ed è più fragile.

Ascella, angolo di unione di una foglia o del suo picciolo con un ramo.

Autosterile, di piante il cui polline non può fecondare l'ovulo di fiori della stessa pianta né quelli di altri individui della stessa varietà.

Avventizio, organo che si sviluppa fuori dal suo posto naturale (una radice che si sviluppa su una foglia).

Bacca, frutto carnoso, tondeggiante. Contiene diversi semi, liberi, racchiusi in una polpa carnosa con evidenti residui di polpa alla base del frutto.

Bifido, organo diviso in due parti da un'intaccatura piuttosto profonda.

Brattea, organo simile a foglia o squama, dalla cui ascella prendono origine i fiori.

Bulbo, ramo molto breve avvolto da foglie carnose. Un esempio è la cipolla.

Caducifoglia, pianta che perde le foglie in autunno; ossia che in inverno entra in "riposo vegetativo".

Calice, verticillo esterno del fiore formato dai sepali.

Cambio, tessuto posto tra la parte vascolare e quella cibrosa dei fasci del fusto. La formazione di cellule del cambio determina l'ingrossamento delle piante.

Caudice, fusto ingrossato alla base.

Caule, fusto.

Cefalio, sommità pelosa di alcune cactacee da cui sporgono i fiori.

Cespitosa, di pianta con ramificazioni alla base.

Cicatriziale (tessuto o callo), che ha formato uno strato protettivo sopra tagli o ferite.

Clone (dal greco *Klonos* = germoglio), insieme delle piante derivate da talee o innesti, quindi per via agamica, dallo stesso seme.

Cuticola, nelle cellule epidermiche è lo strato che riveste la superficie esterna della pianta.

Deiscenza, l'apertura di un'antera di un frutto per liberare polline e semi.

Diagnosi, descrizione di nuove specie eseguita in latino.

Dicotiledoni, classe di piante angiosperme aventi quasi sempre due cotiledoni nel seme.

Echino, (dal greco *Echinos* = riccio), prefisso che indica "spinoso".

Eliofila, pianta che per svilupparsi esige luoghi ben illuminati.

Endemico, caratteristico di una regione.

Epidermide, tessuto che protegge le parti verdi dei vegetali.

Epifita, di pianta che vive su un'altra pianta senza però esserne parassita.

Fascio, insieme di cellule allungate, formate dai vasi e dai tubi cribrosi, atte al trasporto delle sostanze nutritive.

Glochido, setola dura e pungente. Spina.

Glauco, di colore azzurro-verdastro.
Glabro, privo di peli.

Infero (ovario), cresciuto al di sotto del calice e della corolla.
Infiorescenza, insieme di più fiori cresciuti sul medesimo ramo.
Internodo, tratto di fusto posto fra due nodi.

Lamina, si intede il corpo della foglia.
Lanceolata, di una foglia con tipica forma a punta di lancia.

Meristematico (tessuto), insieme di cellule capaci di dividersi dando origine a nuove cellule.
Marza, porzione vegetale in grado di rigenerarsi se innestata su un altro vegetale (soggetto).

Nodo, punti del fusto dove si formano foglie.

Ovario, nei fiori. Contenitore degli ovuli che si trasformano in semi una volta fecondati.

Perenne, detto di pianta che vive oltre i due anni.
Perianzio, involucro del fiore dato dall'insieme delle foglie fiorali sterili.
Pericarpo, insieme dei tessuti che contengono i semi.
Perigonio, perianzio non differenziato. Formato da un unico verticillo o da verticilli identici.
Portamento, aspetto caratteristico generale che assume la pianta.
Pruinoso, ricoperto di una sostanza cerosa e biancastra (pruina) costituita da granellini piccolissimi.

Rizoma, fusto che cresce sotto terra simile a una radice.
Rustica, pianta che si adatta a qualsiasi tipo di terreno.

Sempreverde, si dice di pianta nella quale la sostituzione delle foglie avviene gradualmente, così che non rimane mai spoglia.
Sepali, foglie che compongono il calice.
Setola, formazione simile al pelo ma più grossa e più dura.
Steno, (dal greco *Stenos* = stretto), prefisso che indica "stretto".
Sistemico (antiparassitario), in grado di entrare in circolo nei vasi della pianta e toccare tutte le sue parti.

Tepali, elementi di un perigonio.

Verticillo, insieme di foglie o rami sullo stesso nodo.

Xerofita (dal greco *Xeròs* = arido), pianta che vive in zone aride.

INDICE DEI NOMI

I NUMERI IN NERETTO SI RIFERISCONO ALLE SCHEDE DI TRATTAZIONE SPECIFICA, QUELLI IN TONDO ALLE CITAZIONI NEL TESTO E QUELLI IN CORSIVO ALLE CITAZIONI IN DIDASCALIA.